# CUANDO EL SEXO NO ES SUFICIENTE

«Las batallas y las guerras que se libran en lo natural producen soldados heridos y amargados. Sin embargo, las batallas y las guerras que se libran en lo espiritual producen guerreros dulces y profundos. ¡Rey Matos es uno de esos guerreros! A través de *Cuando el sexo no es suficiente*, Rey logra expresar lo tierno y firme del amor de Dios para la belleza del pacto matrimonial.

Este es un libro inmensamente rico en verdades bíblicas que desafiará tus paradigmas personales y fortalecerá tus convicciones de fe en cuanto a la vida conyugal. Aquí encontrarás, como escribe Rey, "conceptos revolucionarios que el evangelio de Jesucristo nos regaló a precio de su propia vida. Estos son secretos escondidos a los sabios de este mundo y revelados a los sencillos de corazón que no han perdido la fe en Dios". Ha llegado la hora de gozar a plenitud tu vida conyugal. Emprende el desafío de *Cuando el sexo no es suficiente* y descubre los secretos que revolucionarán tu vida matrimonial».

### GUILLERMO AGUAYO
Pastor principal de «La Casa del Padre»
Presidente de la «Fundación para el Desarrollo de la Familia»

«Siempre pensé que debía existir un "manual de instrucciones" que te diera las claves necesarias para tener un matrimonio feliz y para toda la vida. Me sorprendía la cantidad de divorcios de parejas que se amaban y que me constaba que eran personas valiosas y grandes seres humanos. Me preguntaba por qué sucedía esto. Hoy puedo ver, gracias a este libro, las respuestas a esas preguntas y la solución a la epidemia del divorcio, que está afectando a tantas familias y a la humanidad. Gracias al conocimiento que he adquirido después de esta "lección de vida", me siento una mujer preparada para asumir el papel que me corresponde en mi matrimonio. En estas páginas encontré un alimento para mi espíritu y una fuente de sabiduría que de seguro me ayudará a nacer de nuevo en la verdad de nuestro Señor Jesucristo».

**SRA. DORA N. MUÑOZ DE BÁEZ**

«A menudo, vemos cómo las infidelidades y el número de divorcios siguen tocando las puertas de los hogares. El reconocido pastor y conferenciante sobre temas de familia, Rey Matos, nos demuestra en su libro *Cuando el sexo no es suficiente* que para desarrollar un matrimonio firme y fuerte con lazos indisolubles no basta el sexo ni es suficiente ser creyente, pues si así fuera no existiera el divorcio. En este libro, su autor explica que cuando caminamos haciendo yugo con Dios, vamos en la dirección que Él nos va marcando y desarrollamos la sensibilidad necesaria para dejar de ser egoístas y pensar en el bienestar de nuestro cónyuge. Ese amor que surge en el matrimonio debido a la intimidad que ambos han logrado entre ellos y con Dios, es indisoluble. Toda pareja necesita leer *Cuando el sexo no es suficiente* para identificar los puntos débiles de su relación y conocer cuáles son los recursos que la fortalecerán. El plan de Dios para el matrimonio es perfecto y Él anhela que todas las familias seamos felices. Mi esposo y yo lo hemos logrado por treinta y cinco años… y cada vez se pone mejor. Hazlo tú también. ¡Amárrate al yugo de Dios y sé feliz!»

**NORMA PANTOJAS**
Consejera de familia

&

«El matrimonio, por naturaleza, es la relación más profunda, gratificante y demandante que pueden tener dos seres humanos. Sin duda, la lista de destrezas que se requiere para tener éxito es larga y puede ser agobiante: compromiso a toda prueba, perseverancia titánica, constante examen y ajuste, honestidad dolorosa, mucho humor y gran dosis de fe. Sin embargo, la vida de fe que nace de una relación con Dios, el autor de la idea, y de su Palabra, la base espiritual y conceptual de la familia, es lo que puede llevarnos al éxito en esta aventura y a disfrutar el proceso enriquecedor y transformador que acompaña la tarea de construir una relación matrimonial sólida. ¡Qué bueno que tenemos a padres en la fe como el pastor Matos para acompañarnos en la aventura de formar una familia! Su sinceridad para hablar sobre el tema es siempre una invitación a ser transparentes. En vez de gastar "tinta" tratando de ofrecer fórmulas y pasos, el pastor Rey nos lleva a principios poderosos de fe y vida que pueden fortalecer la relación de pareja. En lugar de ofrecer soluciones simplistas, Rey nos lleva a principios probados en su propia vida, los mismos que han sacado adelante su matrimonio y que lo han transformado en el proceso».

**DANILO MONTERO**
Ministerio *Sígueme* Internacional

&

«En medio de la crisis, tienes que rodearte de los que conocen el consejo de Dios… y el pastor Rey Matos es uno de esos consejeros.

Su manera de ser vertical le ha permitido hacer suyo el plan de Dios para el matrimonio. Sé que el Espíritu Santo lo guió a escribir este libro porque en cada línea muestra absoluta obediencia al decirle "no" a lo que el oído humano quiere escuchar. Además, presenta las verdades revolucionarias de Dios que desafiarán a cada cónyuge a tomar decisiones profundas que mejoren su calidad de vida matrimonial. Rey es uno de esos hombres que ha alcanzado una visión madura del concepto divino llamado matrimonio. Por lo tanto, nos ayudará a reconocer que solo con un corazón manso y humilde y agarrados de la mano de Dios lograremos vivir día a día con la meta de que nuestra relación dé frutos que bendigan lo que somos, a nuestros hijos y a nuestra sociedad».

**DANIEL Y SHARI CALVETI**
Cantante de música cristiana
Líderes principales del ministerio
para matrimonios «Pasión 001»

# CUANDO EL SEXO NO ES SUFICIENTE

GUÍA PARA UNA RELACIÓN INDISOLUBLE

# REY MATOS

Publicado por
Unilit
Medley, FL 33166

© 2010 Editorial Unilit
Primera edición 2010
Primera edición 2015 (Serie Favoritos)

© 2009 Rey Matos
Todos los derechos reservados.

Reservados todos los derechos. Ninguna porción ni parte de esta obra se puede reproducir, ni guardar en un sistema de almacenamiento de información, ni transmitir en ninguna forma por ningún medio (electrónico, mecánico, de fotocopias, grabación, etc.) sin el permiso previo de los editores.

Diseño de la portada: Ximena Urra
Fotografías / Ilustraciones: Images; ©2010, Rudy Umans, Milos Luzanin,
Traff, Floydian
Fotografía del autor y su esposa: Sharamarie Vargas Jimenez
Arreglo personal: Vivienne Jimenez
Usado con la autorización de Shutterstock.com.
Used under license from Shutterstock.com.

El texto bíblico ha sido tomado de la versión Reina-Valera © 1960 Sociedades Bíblicas en América Latina; © renovado 1988 Sociedades Bíblicas Unidas. Utilizado con permiso.
Reina-Valera 1960® es una marca registrada de la American Bible Society, y se puede usar solamente bajo licencia.

Las palabras entre parentesis en los pasajes bíblicos reflejan el énfasis añadido por el autor.

Producto 497015
ISBN 0-7899-2256-8
ISBN 978-0-7899-2256-4

Impreso en Colombia
*Printed in Colombia*

Categoría: Vida cristiana /Relaciones /Amor y matrimonio
*Category: Christian Living /Relationships /Love & Marriage*

# Dedicatoria

Amada mía, ¿cómo no dedicarte otro de mis libros? Es mi manera de expresarte mi agradecimiento por todo lo que has invertido en nosotros, tu familia.

Fue difícil conquistarte, pero después que entregaste tu corazón no diste marcha atrás. Lo sacrificaste todo y estoy seguro que debes haber sentido temor e inseguridad en el camino. Sobre todo, cuando comenzamos a experimentar el fuego de la incomprensión y las actitudes corrosivas de la ignorancia. Muchas preguntas tuvieron que haberte acosado, pero parecía como si nada pudiera quitar de tu mente que Dios te daría la victoria.

Fue una gran sorpresa cuando tu «príncipe azul» comenzó a cambiar y a mostrar su lado oscuro. Nunca habías imaginado que el pastor con el que te casaste se convertiría en un hombre rudo, hostil, de palabras hirientes y que te rechazara, al parecer porque no estabas a la altura de sus expectativas. Te había prometido que te amaría de manera incondicional por toda la vida. Entonces, ¿por qué ahora te rechazaba y te castigaba con sus críticas?

Mildred, sé que ya lo he hecho y no tengo que volver a hacerlo, pero quiero pedirte perdón una vez más porque en un momento dado te dejé de amar como debía. Aun en esas circunstancias no perdiste la fe. Me enseñaste que habías «quemado los barcos» para no considerar dar vuelta atrás. Buscaste el rostro de Dios. Lo hiciste tu aliado y te alimentaste de su amor cuando te faltaba el mío. Lo más maravilloso de todo fue que no perdiste tu alegría delante de nuestros hijos, aunque sabe Dios cuántas noches lloraste a solas. Los ayudaste a crecer pensando que «La vida es maravillosa... a pesar de la lluvia», como dice nuestro amado hermano Jacobo. Fuiste fiel a Dios.

Tu amor y lealtad me doblaron el brazo. Me abrieron los ojos. Pude ver con claridad que mientras yo luchaba por levantar congregaciones y extender el evangelio a los pueblos, tú luchabas por levantar nuestro amor y sostener nuestro hogar llenándolo de fe y alegría. Pudiste preservar la esencia del evangelio en nuestros corazones a través de la palabra de tu testimonio. Pude reconocer que había muchas esferas de mi corazón que necesitaban sanidad. Me vi en el espejo de tu pureza y tuve que caer de rodillas. Cuando dejé de justificarme y decidí volver a amarte de manera incondicional, descubrí una hermosa perla de alto valor. Volví a enamorarme de ti.

Mildred, si retenerte tuviera precio, estaría dispuesto a hacer como aquel mercader de la parábola que buscaba buenas perlas, que habiendo hallado una perla preciosa, fue y vendió todo lo que tenía y la compró. Todo lo que tengo lo vendería por ti... ¡mi perla preciosa!

Te amo con todo mi corazón...

Tu esposo,

*Frankie*
(Rey Matos)

# Contenido

PRÓLOGO .................................................................................. 15

INTRODUCCIÓN:
CUANDO EL SEXO NO ES SUFICIENTE ........................................ 19

- ¿Quiénes tendrán oídos para oír?
- ¡Una voz que clama en el desierto!

CAPÍTULO 1:
EL YUGO DE DIOS ...................................................................... 25

- Claves para la vida

  - Primera clave: «Venid a mí»
  - Segunda clave: «Yo os haré descansar»
  - Tercera clave: «Llevad mi yugo sobre vosotros»

- Entonces... ¿Dios tiene un yugo?
- Mansedumbre
- Humildad
- El grano de trigo, si no cae y muere, no puede llevar fruto
- Tú decides cómo reaccionarás a estas verdades
- ¿Dónde están mis derechos humanos?
- ¡No permitas que te roben!
- ¡No permitas que tu corazón se convierta en un pedregal!
- Ninguno puede servir a dos señores
- ¿Hallará Dios fe en la tierra?
- El Espíritu Santo nos despertará del sueño
- Detente y pregunta por las sendas antiguas

## CAPÍTULO 2:
## ¿LEALTAD O FIDELIDAD? ¿NO ES LO MISMO? .................. 41

- Principios de vida
- Ajústate el cinturón de seguridad que... ¡aquí vamos!

  - «¿No tenemos todos un mismo padre?»
  - «¿No nos ha creado un mismo Dios?»
  - «¿Por qué, pues, nos portamos deslealmente?»
  - «Profanando el pacto de nuestros padres»
  - «Judá ha profanado el santuario de Jehová que él amó, y se casó con hija de dios extraño»
  - «Haréis cubrir el altar de Jehová de lágrimas, de llanto, y de clamor; así que no miraré más a la ofrenda, para aceptarla con gusto de vuestra mano. Mas diréis: ¿Por qué? Porque Jehová ha atestiguado entre ti y la mujer de tu juventud, contra la cual has sido desleal, siendo ella tu compañera, y la mujer de tu pacto»
  - «¿No hizo él uno, habiendo en él abundancia de espíritu?»
  - «Y por qué uno? Porque buscaba una descendencia para Dios»
  - «Guardaos, pues, en vuestro espíritu, y no seáis desleales para con la mujer de vuestra juventud»
  - «Jehová Dios de Israel ha dicho que él aborrece el repudio, y al que cubre de iniquidad su vestido»

- Entonces... ¿qué decides?
- ¿Son los ministros los mejores ejemplos de vida matrimonial?

## CAPÍTULO 3:
## ¡SOY FANÁTICO DEL DISEÑO ORIGINAL! .................. 61

- Imagen y semejanza de la deidad

  - ¿En qué somos imagen y semejanza de Dios?
  - El átomo, una ilustración del poder de la unidad
  - Privilegio solo reservado para los humanos

- La meta principal del diablo: La destrucción de toda relación matrimonial

  - ¿Qué dice el Nuevo Testamento sobre el divorcio?
  - Si el casado adulteró, no implica fornicación
  - Causa que justifica el divorcio y aprueba un nuevo casamiento
  - ¿Me tengo que divorciar porque mi cónyuge fornicó?

· · · CONTENIDO · · ·

- Si mi cónyuge resultó ser un «fiasco», ¿tengo que quedarme a su lado?
- Asumamos la responsabilidad que nos toca sin medir al otro

## CAPÍTULO 4:
## ¡LE DARÉ UNA AYUDA IDÓNEA! .................................................. 79

- Cómo debes amar a tu esposa
  - «Se entregó»
  - «Para santificarla»
  - «Habiéndola purificado»
  - «A fin de presentársela a sí mismo»
  - «Una iglesia gloriosa»
  - «Que no tuviese mancha ni arruga ni cosa semejante»
  - «Santa y sin mancha»
  - «Así también los maridos deben amar a sus mujeres»
  - «El que ama a su mujer, a sí mismo se ama»
- Si oré y Dios me lo confirmó, ¿por qué me salió mal?
- ¿Qué es eso de «alma gemela»?
- Si lo que ayer era bueno hoy es malo, ¿qué pudo haber pasado?

## CAPÍTULO 5:
## REGLAS DEL JUEGO SEXUAL Y RELACIONAL .......................... 93

- ¿Qué es el deber conyugal?
- No es tan fácil como parece
- ¡No se nieguen el uno al otro!
- A no ser por algún tiempo de mutuo consentimiento
- Vuelvan a juntarse en uno para que Satanás no los tiente a causa de su incontinencia
- ¿Quién tiene mayor sensibilidad sexual, el soltero o el casado?
- Los sustitutos sexuales de los casados
- El amor es un compromiso de «ruda» valentía
- ¿Y si tenemos que llegar a la separación?
- La separación como un elemento de disciplina
- ¿Y qué de los cristianos que tienen cónyuges inconversos?
- Entonces, si el incrédulo se separa... que se separe
- La separación no es un proceso de repudio
- De la manera en que llegaste a Cristo, quédate así
- Hay que resolver el pecado del pasado
- La reparación de lo reparable

- No destruyas lo que solo necesita mantenimiento

## CAPÍTULO 6:
## EL AMOR QUE NO DA FRUTO .................................................. 113

- La diferencia entre sentir el amor y expresarlo
- ¿Qué es amar según Dios?
- Si no le expreso amor a mi cónyuge, mis oraciones a Dios solo hacen ruido en el cielo
- Aunque sea un ministro, si no manifiesto amor a mi cónyuge, nada soy delante de Dios
- De nada me sirve ser generoso y sacrificarme por hacer acción social, si no le suplo las necesidades de amor a mi cónyuge
- Un Dios de prioridades
- Habrá maldición sobre la tierra por descuidar el amor familiar
- Donde hay bendición y unción allí hay autoridad espiritual
- Nuestros hijos, ¿armas de guerra?

## CAPÍTULO 7:
## EL PRECIO DE SER FELIZ ........................................................ 125

- El amor es sufrido
- El amor es benigno
- El amor no tiene envidia
- El amor no es jactancioso
- El amor no se envanece
- El amor no hace nada indebido
- El amor no busca lo suyo
- El amor no se irrita
- El amor no guarda rencor
- El amor no se goza de la injusticia
- El amor se goza de la verdad
- El amor todo lo sufre
- El amor todo lo cree
- El amor todo lo espera
- El amor todo lo soporta
- El amor nunca deja de ser

## CAPÍTULO 8:
## EL ORDEN DE DIOS PARA EL MATRIMONIO ...................... 147

- ¿Son perfectos los matrimonios en Cristo?
- La victoria está en separar el alma del espíritu
- El orden asegura la armonía de la felicidad

### • • • CONTENIDO • • •

- ¿Cómo debemos proceder cuando alguien se pone terco?
- «Sujetas a sus propios maridos como al Señor»
- Dios no es chovinista
- Si la mujer se resiste, ¿puede pedir el respaldo de Dios?
- Y si mi esposo es inconverso, ¿debo sujetarme a él?
- Una palabra para los maridos
- La naturaleza de los hombres es más sexual que romántica

  - «Vivid con ellas sabiamente»
  - «Dando honor»
  - «Como a vaso más frágil»
  - «Como a coherederas de la gracia»

## CAPÍTULO 9:
## CONSEJOS PARA EVITAR Y MANEJAR CONFLICTOS ............ 169

- Una palabra para ambos: Esposo y esposa

  - «Sed todos de un mismo sentir»
  - «Compasivos»
  - «Amándoos fraternalmente»
  - «Misericordiosos»
  - «Amigables»
  - «No devolviendo mal por mal, ni maldición por maldición, sino por el contrario, bendiciendo»
  - «Refrene su lengua de mal, y sus labios no hablen engaño»
  - «Busque la paz, y sígala»

- Las crisis son oportunidades de crecimiento
- El amor más completo o perfecto sobre la tierra
- El amor materno-filial se dirige a la separación
- Solo lo logran los que alcanzan madurez en Dios
- No trates de obtener de tu cónyuge lo que no tiene
- Huye de la vagancia espiritual y procura animar a tu cónyuge
- Lo que cautiva el corazón de los casados: Amor romántico y respeto
- Fundamentos básicos de una relación matrimonial saludable
- ¿Qué son los servicios VIP?
- El efecto de la llegada de los hijos

## CAPÍTULO 10:
## CONSEJOS PARA PREVENIR Y RESTAURAR ............... 193

- Los hombres que dejan esposas hermosas por mujeres comunes

- El atavío más atractivo de las mujeres
- ¿Qué hacer en casos de violencia doméstica o maltrato?
- Después de una infidelidad extrema
- Consejos de restauración
- Tus hijos, mis hijos y nuestros hijos
- Las heridas originadas por la familia extendida
- Cuando el cónyuge manifiesta un trastorno mental
- Cuando el cónyuge tiene vicios
- La administración del presupuesto y los gastos

CAPÍTULO 11:
LA MEJOR DECISIÓN: ¡ESCOGE BIEN! .................................. 213

- Mejor es prevenir que...
- No seas ingenuo
- El matrimonio trae quebrantamiento que añade calidad de vida
- La vida espiritual dentro del matrimonio
  - ⚭ Nos cubrimos las espaldas
  - ⚭ Nos compenetramos más
- Conceptos revolucionarios

NOTAS .................................................................................... 227

ACERCA DEL AUTOR ........................................................... 229

# Prólogo

Leer a Rey Matos es inspirador porque llama las cosas por su nombre y abre su corazón para ser íntimo en su exposición. Te animo a que recorras las páginas de este libro con un corazón abierto y una mente dispuesta a crecer. Déjate golpear por las verdades expuestas y permítele a Dios que te dé un corazón de discípulo en el arte de amar.

La lectura del libro *Cuando el sexo no es suficiente* es apasionante. Responde con profundidad las preguntas que nos hemos hecho todos. Es un libro para crecer en la debida comprensión de lo que es el matrimonio. Como lo indica Rey: «A lo largo de estas páginas encontrarás una respuesta de Dios para tu vida».

Es fascinante ver la valentía con la que Rey abre su corazón para reconocer la fuente que les ha sostenido a él y a Mildred. Rey dijo de Mildred: «Buscaste el rostro de Dios. Lo hiciste tu aliado y te alimentaste de su amor cuando te faltaba el mío».

La vida matrimonial hay que construirla, no es algo que brota con naturalidad y es un arte que se aprende. Este libro te ayudará a romper tus propios paradigmas para descubrir el diseño de Dios para el matrimonio. O como lo dice Rey:

> Sin el yugo de Dios seremos tan variantes como se le antoje a nuestro egoísmo. Por favor, no te sorprendas de lo que digo, porque todos somos egoístas por naturaleza y tendremos que luchar contra eso toda la vida [...] A través de los principios bíblicos descubrirás lo que Dios persigue

mediante la vida matrimonial y cuáles son sus propósitos desde el origen de la familia en el Edén.

La intimidad se ha circunscrito sobre todo al aspecto sexual. Sin embargo, una buena, agradable y satisfactoria relación sexual es producto de que ha existido una verdadera intimidad. Por eso, como Rey dice, «el sexo no es suficiente». Hoy muchos se preparan para mejorar sus relaciones sexuales, pero pocos tienen una verdadera intimidad. Para tener intimidad con otra persona debo conocerle, aceptarle, valorarle y esto me permite amarle.

La intimidad se refiere a una aceptación mutua, y esta aceptación solo emerge de una admiración que debe cultivarse. Si se quiere tener verdadera intimidad con otra persona, se debe desarrollar una profunda amistad. Un amigo es alguien que inspira confianza, respeto y admiración; es alguien en quien se puede confiar; es quien acepta a la otra persona tal cual es; es con quien se desea estar porque existe una relación de admiración y respeto. Un amigo es alguien a quien se espera. Es la persona con la que se puede hablar con libertad. Este es el inicio de una verdadera intimidad, la que inspira el deseo de regresar a casa.

¿Qué tipo de amistad promueve el amor? La que implica una desinteresada dedicación a la felicidad del cónyuge, sin perder la propia identidad, individualidad y valoración. Dar no es anularse, sino que es sinónimo de identificación, aprecio, comprensión, valoración y proyección en el tiempo. La intimidad es el ejercicio voluntario de querer estar cerca del corazón de la persona amada, de desear valorarle por lo que es, de querer agradarle con hechos. Es el deseo sincero de que sea feliz.

Recorre las páginas de este apasionante libro porque te permitirá descubrir la adecuada razón de ser del matrimonio. Deja que la autoridad que otorga el señorío de Cristo guíe tus pasos. Como lo afirma Rey:

> El matrimonio es una unión poderosamente espiritual porque es el reflejo de Dios que muestra su semejanza en la tierra. Imagínate que cuando Dios quiso crear al hombre dijo:

### ••• PRÓLOGO •••

> «Hagamos al hombre a nuestra imagen, conforme a nuestra semejanza [...] Y creó Dios al hombre a su imagen, a imagen de Dios lo creó; varón y hembra los creó. Y los bendijo Dios.
>
> GÉNESIS 1:26-28

El matrimonio es para valientes y solo lo logran los que persisten, los que no se rinden, los que no se rompen con facilidad, los que comprenden que es para toda la vida, pues Dios lo diseñó para que se disfrute y se viva con intensidad.

Doy gracias a Dios por la vida de mi esposa, Helen, que me ha motivado a sacar lo mejor de mí. La he visto edificar con sabiduría y, como lo he dicho muchas veces, es fácil vivir a su lado y, más que fácil, es agradable y gratificante. La pregunta que uno debe hacerse es la siguiente: «¿Es fácil convivir conmigo?». Sí, el amor se aprende. Es el señorío de Cristo en mi vida y es cuando Dios hace agradable esta convivencia. No es de extrañar que haya confianza, cercanía y amistad cuando se llega a comprender que la relación no nació para ser circunstancial ni emocional, sino que se sostiene en el tiempo con la certeza de que es para toda la vida. No significa que sea fácil, significa que existe amor. Este libro te permitirá crecer en el arte de amar y en ese diseño divino que nació para disfrutarse.

SIXTO Y HELEN PORRAS
«ENFOQUE A LA FAMILIA»

# Introducción

## Cuando el sexo no es suficiente

Desde hace muchos años mi esposa y yo realizamos retiros y conferencias para matrimonios con el propósito de fortalecer relaciones saludables, proveer una oportunidad de acercamiento para las parejas que no han logrado entenderse y ofrecer ayuda a matrimonios que han fracasado y quieren darse la última oportunidad de restauración. En todos esos años hemos visto milagros extraordinarios que nos han dejado perplejos y llenos de gozo, y que nos animan a organizar el siguiente.

A través de este libro, *Cuando el sexo no es suficiente*, anhelamos despertar el interés de todo el que sabe que su matrimonio necesita un rescate de emergencia, pues le queda poco tiempo y necesita recursos radicales que lo libren y lo pongan fuera de peligro.

La vida misma es un campo incendiado donde tenemos que aprender a sobrevivir ilesos y a disfrutarla a pesar de todos los peligros que encontremos. Además de las innumerables tentaciones fatales que tienen un gran potencial de destrucción del matrimonio, todo el sistema de vida natural que nos rodea también amenaza la unidad del matrimonio. Aun las cosas buenas de la vida, como son las amistades, la familia extendida, el trabajo, los hijos, las finanzas, las propiedades, la iglesia, los entretenimientos, etc., pueden convertirse en fuentes de peligrosidad para la integridad de la pareja, si no los sabemos manejar como es debido. Esta pequeña lista les da una idea de los temas en los que tendremos que ponernos de acuerdo y pactar con la pareja a fin de vivir en verdadera armonía.

El matrimonio tiene que estar muy equipado para poder salir ileso de cada prueba inevitable que le planteará la vida en todas sus etapas. Las demandas de la vida quizá entren de manera sutil hasta hacernos daño, por lo que es necesario que seamos preventivos. Ocurrirá también muchas veces que la crisis matrimonial no dé señales de aviso y nos tome por sorpresa. Por lo que tendremos que caminar con fuertes compromisos de supervivencia, como por ejemplo, «nunca abandonar al compañero en medio de un peligro de fuego». Esto es un compromiso de honor que merece la condecoración y el reconocimiento a todo el que lo practica. Entonces... ¿por qué no resulta igual en el matrimonio?

## ¿QUIÉNES TENDRÁN OÍDOS PARA OÍR?

Para Dios, el matrimonio es una unión indisoluble. No obstante, hay ciertos casos muy específicos donde él justifica el divorcio. Cristo lo confirmó con claridad y así quedó registrado en la Biblia. En los próximos capítulos de este libro analizaré estas excepciones y las discutiré en detalle de modo que no queden dudas.

¿Por qué planteo este tema en plena introducción? Porque este mensaje no es para esos casos justificados, sino para la mayoría que ejecutó su divorcio fuera de la voluntad de Dios y a expensas del dolor y el sufrimiento de los hijos y de toda la familia que los rodea. También se escribió para los que están casados y caminan por una cuerda floja, esperando una respuesta divina a su laberinto sin salida. También para los que no quieren vivir resignados a una vida desgraciada sin esperanza, pero no quieren tomar decisiones a la ligera y están tocando a las puertas del Reino con desesperación. A lo largo de estas páginas encontrarán una respuesta de Dios para sus vida.

No puedo olvidar a los que quieren volver a intentarlo habiendo aprendido de sus errores conscientes, pero que desean descubrir esos de los que no eran conscientes. No para «castigarse», sino para corregir patrones de comportamiento nocivos. Transitarán

••• INTRODUCCIÓN •••

de nuevo la aventura del matrimonio, pero esta vez irán equipados «hasta los dientes» para llegar hasta el final del camino.

Más aun, escribí este libro para los que quieren casarse y aprender a vivir diferente a como lo hicieron sus padres. Escribí para los que quieren hacer camino, ya que la senda del matrimonio ordenado por Dios se ha abandonado por las generaciones que les precedieron. Es más, tienen la esperanza de redescubrir un tesoro escondido que parecía una leyenda o un cuento de hadas. También es para los que insisten en creer que es real y lo van a evidenciar en verdad con hechos y frutos indubitables.

La gran pregunta que me hago es: ¿Llegué tarde? ¿Habrá quién se interese en intentarlo? ¿Quién tendrá oídos para oír? ¿Todavía habrá fe sobre la tierra para creerlo?

¡Confío en que estoy a tiempo!

## ¡UNA VOZ QUE CLAMA EN EL DESIERTO!

Sé que al escribir este libro seré como una voz que clama en el desierto. ¿Por qué? Porque es probable que se consideren los principios de calidad de vida que voy a plasmar en estas páginas muy anticuados y obsoletos como para aplicarlos. Quizá porque ya sean pocos los consejeros y pastores que se atrevan a enseñar estas verdades radicales tal como son. A otros, mi voz les sonará parecida a la de un poeta que habla con nostalgia sobre los estilos de vida del pasado que ya no se volverán a ver, no solo porque no los creen, sino porque se consideran ridículos para este tiempo.

De todos modos, decidí ser esa voz por amor a los pocos que en su interior sienten que el matrimonio, tal como lo diseñó Dios, tiene que ser bueno, y que si no lo están experimentando de esa manera es porque se perdieron en el camino. Lo hago también por los que no se resignan a vivir perdidos, como si la verdad no existiera. Seguirán buscándola hasta que logren encontrar el camino que los conduzca al tesoro. Ellos no serán los únicos beneficiados, porque todos los que les rodean se sentirán atraídos cuando los vean «enriquecerse».

Seré una voz que clama en el desierto para esos individuos que quieren superarse como personas y han decidido creer que el matrimonio es eficaz para ayudarlos a crecer aunque haya lágrimas y dificultades en el camino. Estos son los que no se resignan a vivir como los engreídos que solo viven para el placer o como los egoístas que pretenden que los demás se ajusten y acomoden a ellos.

Escribo para los que saben que no van a lograr con facilidad la felicidad de la comunión matrimonial, pero están dispuestos a pagar el precio que sea, aunque tengan que pasar por el valle de dolores y frustraciones en el proceso. Cuando estén sentados a la mesa del banquete, mirarán hacia atrás y dirán que valió la pena haber sufrido para ahora cosechar la vida en abundancia que están disfrutando.

Seré una voz que clama en el desierto para alcanzar a los que descubrirán que el matrimonio es poderoso en autoridad espiritual para quien quiere levantar una familia que haga frente a todas las acechanzas de un mundo corrupto. Estos son hombres que reconocen que hallar esposa es encontrar un ser que lo rodeará con su potencial espiritual para defenderlo de su más voraz enemigo, el diablo: «Porque Jehová creará una cosa nueva sobre la tierra: la mujer rodeará al varón» (Jeremías 31:22b). (Los que leyeron mi libro anterior, *La mujer, el sello de la creación*, saben a lo que me refiero).

El que descubre esa unción espiritual y junto a ella procrea hijos que amen a Dios, llena «su aljaba de saetas» contra las cuales Satanás no tiene resistencia:

> HE AQUÍ, HERENCIA DE JEHOVÁ SON LOS HIJOS; COSA DE ESTIMA EL FRUTO DEL VIENTRE. COMO SAETAS EN MANO DEL VALIENTE, ASÍ SON LOS HIJOS HABIDOS EN LA JUVENTUD. BIENAVENTURADO EL HOMBRE QUE LLENÓ SU ALJABA DE ELLOS; NO SERÁ AVERGONZADO CUANDO HABLARE CON LOS ENEMIGOS EN LA PUERTA.
>
> SALMO 127:3-5

Seré una voz que clama en el desierto por amor a los que todavía reconocen la genética espiritual heredada de nuestro Creador cuando dijo:

### ••• INTRODUCCIÓN •••

> Hagamos al hombre a nuestra imagen, conforme a nuestra semejanza [...] Y creó Dios al hombre a su imagen, a imagen de Dios lo creó; varón y hembra los creó. Y los bendijo Dios.
>
> GÉNESIS 1:26-28

Escribo para los que creen que el estado perfecto, donde el ser humano se complementa con su pareja y descubren la imagen de Dios plasmada en ellos, es el matrimonio. Muchos han descubierto a través de su experiencia personal que el sexo no es suficiente para mantener una relación exitosa. Aunque haya buenos encuentros sexuales, reconocen el vacío que ha dejado el no haber cultivado el comportamiento de la vida cotidiana que en verdad llena de satisfacción la relación matrimonial.

Reconocen que aunque en Cristo estamos completos, no obstante, el Señor dijo durante la creación que «no es bueno que el hombre esté solo» (Génesis 2:18). Quiere decir que Dios puso una necesidad intrínseca en el corazón del hombre por la compañía de una mujer, y lo más sorprendente es que esa unión de dos seres en uno lo hace aun más semejante a Dios.

Confío que este libro llegue a poner piedra de tropiezo a las enseñanzas heréticas que prometen la gracia de Dios mientras los hombres logran encontrar su «alma gemela». Los tiempos finales de la apostasía se distinguen porque los hombres «se casarán y se darán en casamiento» en una desenfrenada violación de los propósitos originales de Dios, expresado de forma categórica cuando se dijo:

> ¿No habéis leído que el que los hizo al principio, varón y hembra los hizo, y dijo: Por esto el hombre dejará padre y madre, y se unirá a su mujer, y los dos serán una sola carne? Así que no son ya más dos, sino una sola carne; por tanto, lo que Dios juntó, no lo separe el hombre.
>
> MATEO 19:4-6

# capítulo 1
# EL YUGO DE DIOS

Me atrevo a escribir sobre este tema en pleno siglo veintiuno porque he puesto a prueba todos los principios expuestos en este libro y te aseguro por experiencia propia que dan resultado. Las veces que he descuidado esta «filosofía de vida» me he deteriorado como ser humano; y no es hasta que recapacito, que vuelvo a concluir que fuera de Él nada somos y que fuera de las reglas que gobiernan en este reino, nada resulta.

Entonces, me acomodo en «su yugo» y comienzo a disfrutar la vida en paz y armonía. No solo me deleito con mi esposa de treinta y tres años de casados, sino que disfruto de todos los frutos de nuestra relación. Además, cuando uno camina en este «orden», Dios mismo nos recompensa con su favor y bendición. Estamos testificando sin palabras, pues su Palabra es la verdad que ha rechazado el mundo, negándose a sí mismo la prosperidad prometida por Dios para los que le obedecen.

## CLAVES PARA LA VIDA

En el Evangelio de Mateo encontramos el siguiente pasaje que nos da una serie de claves para la vida:

> VENID A MÍ TODOS LOS QUE ESTÁIS TRABAJADOS Y CARGADOS, Y YO OS HARÉ DESCANSAR. LLEVAD MI YUGO SOBRE VOSOTROS, Y APRENDED DE MÍ, QUE SOY MANSO Y HUMILDE DE CORAZÓN; Y HALLARÉIS DESCANSO PARA VUESTRAS ALMAS; PORQUE MI YUGO ES FÁCIL, Y LIGERA MI CARGA.
>
> MATEO 11:28-30

Entonces, ¿cuáles son esas claves de la vida para gozar de las relaciones interpersonales más extraordinarias que te harán crecer como ser humano, como cristiano, y llenarán tu vida de muchas satisfacciones? Analicemos lo que nos enseña el pasaje anterior:

### Primera clave: «*Venid a mí*»
Dios ha prometido que nos hará descansar cuando nos acerquemos a Él. La forma de hacerlo es a través de la oración simple, conversacional, donde podemos ser nosotros mismos, de manera honesta y sincera. Ese lugar que escoges para desahogarte y volcar todas tus emociones y sentimientos heridos, y donde puedes volver a llenarte de la presencia de Dios. Jesús prometió que enviaría el Consolador, el Espíritu Santo, para sanar todas nuestras dolencias del alma y del corazón. Créanme... es maravilloso lo que ocurre cuando nos desahogamos con Dios.

### Segunda clave: «*Yo os haré descansar*»
Ese descanso que Dios promete se experimenta mediante su paz. Después de un toque del «dedo de Dios», una paz

inexplicable inunda nuestro interior, aunque el problema no esté resuelto. Después, la crisis pierde grandeza y complejidad. Y si así no fuera, no nos importa mucho porque sentimos una tranquilidad que responde a la confianza de que Dios tiene el control.

### Tercera clave: *«Llevad mi yugo sobre vosotros»*

Después que reconocemos que la vida no tiene sentido sin Dios, y que nuestra inteligencia y nuestro conocimiento no son suficientes para lograr ser feliz, comenzamos a buscar el consejo de Dios. Le pedimos instrucciones para salir de nuestros conflictos y problemas. Nuestras oraciones se convierten en preguntas genuinas como: «Señor, ¿qué debo hacer?». Luego, vendrán las respuestas del Señor. No necesariamente oiremos cosas agradables y tal vez no sea sencillo manejarlo. Ahora bien, no habrá duda que los resultados de la obediencia serán revolucionarios.

> Por lo tanto, el consejo divino es: «Llevad mi yugo sobre vosotros, y aprended de mí, que soy manso y humilde de corazón».
>
> MATEO 11:29

## Entonces... ¿Dios tiene un yugo?

Para los que se están preguntando qué es un yugo, deben saber que es un instrumento muy pesado de madera con dos espacios para acomodar el cuello de dos bueyes juntos. Al amarrar el yugo a los cuernos de los bueyes, se ven obligados «a caminar juntos». De esa manera, el agricultor cuenta con la fuerza de dos animales para labrar la tierra seca y endurecida. Si no se usara un yugo, los bueyes no caminarían juntos y sus fuerzas se dividirían en diferentes direcciones haciendo imposible o muy difícil la tarea del labrador.

Es obvio que esto nos enseña a gritos que sin el «yugo divino» somos como veletas al viento, llevados de aquí para allá según donde la corriente de nuestra propia concupiscencia quiera llevarnos. Sin el yugo de Dios seremos tan variantes como se le antoje a nuestro egoísmo. Por favor, no te sorprendas de lo que digo, porque todos somos egoístas por naturaleza y tendremos que luchar contra eso toda la vida.

«Llevad mi yugo» es el principio de vida más claro que Jesús haya podido enseñar, pues se ajusta a todas las relaciones interpersonales a cualquier nivel. El matrimonio, que es la relación más profunda, íntima y compleja por el grado de compromiso que requiere, no lograría caminar en armonía hacia un mismo objetivo sin el yugo de Dios. No podríamos alcanzar nuestras metas, mucho menos las de Dios.

Por lo tanto, necesitamos algo que nos controle, una autoridad que nos limite a caminar «al son que Él nos toque», para que su melodía nos marque el paso. Así podremos «bailar» con extremada elegancia y llegar muy lejos en la vida. Además, los que observan disfrutarán del espectáculo y querrán aprender a bailar como nosotros, para lucir así de hermosos. Dios quiera que sean nuestros hijos los que se deleiten en observarnos y digan: «¡Qué lindos se ven! ¡Así quiero ser yo cuando me toque tener una esposa o un esposo!».

El yugo de Dios se define como el madero que nos mantiene unánimes juntos en armonía, caminando con un mismo propósito en la vida, que es la Palabra de Dios. En esta ocasión, Jesús lo resume todo con dos palabras: «Mansedumbre» y «Humildad».

Para «aprender a ser manso y humilde de corazón» debemos conocer el significado de estas dos palabras y así dimensionar la magnitud del mandamiento.

## MANSEDUMBRE

¿Qué es la mansedumbre? Veamos su manisfestación.

- «De condición benigna y suave». Esto significa que una persona mansa no responde mal a quien le ha tratado mal, sino que mantiene la paciencia para responder de manera suave y positiva buscando la paz.

- «Insensible, apacible, sosegada y tranquila». El manso es insensible a la ofensa y a la aspereza. Tiene paz y no permite que se la roben. Cuando el estrés llega a la puerta de tu vida, procura mantener la calma para tranquilizar a los demás.

- En el ganado, el manso es el que sirve de guía a los demás. Esto es interesante en particular porque en el reino de los animales estos reconocen la autoridad innata que tiene el que controla sus impulsos y lo siguen. Por eso, el más manso del ganado se convierte en el líder.

En el mundo que vivimos, los seres humanos relacionan la mansedumbre con la debilidad. No obstante, el manso tiene la fuerza de controlar lo que descontrola a los otros. Los mejores líderes mundiales que son respetados y seguidos por inspiración, y no por intimidación, son los que dirigen con mansedumbre.

En el hogar, los mansos serán los que a la larga se conviertan en los consejeros de la familia y del matrimonio. Impartirán dirección cuando los demás estén perdidos en sus problemas y dependerán de ellos para interceder delante de Dios. Los mansos son las personas que cuando hablan, todos los respetan porque se han ganado ese lugar. Estos fueron los que, al principio, casi todos atacaron con críticas y los persiguieron con sus acusaciones, pero perseveraron al creer que Dios les haría justicia. A través del tiempo, sus frutos los posicionaron en un lugar de honra y de respeto que ahora reconocen todos. ¿No te parece que vale la pena pagar ese precio?

# HUMILDAD

Veamos ahora la humildad.

- «Sumisión y rendimiento». El humilde no resiste, sino que se rinde para lograr la comunión y la armonía. Busca estrategias para lograr lo que quiere, pero nunca para poner en riesgo la relación.

- El humilde es servicial y complaciente. Trata a los demás como si fueran superiores a sí mismo.

- La humildad es una virtud que consiste en el conocimiento de las limitaciones y debilidades propias, y en obrar de acuerdo con este conocimiento: «No es sabio en su propia opinión. No tiene más alto concepto de sí que el que debe tener, sino que piensa de sí con cordura». El humilde reconoce sus propias debilidades con sinceridad y es transparente sobre ellas ante los demás.

Estas son las dos cualidades clave que distinguen el carácter de Jesús. Por eso, Él dijo: «Aprended de mí, que soy manso y humilde de corazón». Nadie disfrutará de paz en su vida hasta que se coloque este yugo sobre su carácter y su temperamento. Tenemos que convertirnos en gente mansa y humilde. Esposos que tratemos a nuestras esposas con mansedumbre, mientras las esposas tratan a sus esposos con humildad.

Ahora bien... ¿y qué hago si no nace de mí esta actitud?

No hay otro lugar donde encontrar las fuerzas para ser así. Solo en la presencia de Dios. Busca su rostro para que te invista con su personalidad. Lo que ocurrirá, en esencia, es que Él mismo vendrá a hacer morada en tu interior para provocarte a ser así. Eso no significa que tu propio corazón no tratará de resistirse, pero si estás decidido a ser mejor persona, optarás por dar el primer paso hacia la mansedumbre y la humildad, y Dios hará el resto.

«Y hallaréis descanso para vuestras almas». Por último, a los que logren ser mansos y humildes, las cosas le saldrán bien, y mientras se arreglan sus problemas, tendrán paz. Esto se debe a que la paz de su alma no depende de quienes lo rodean. El manso y humilde tiene paz porque desarrolló una insensibilidad a las ofensas.

# El grano de trigo, si no cae y muere, no puede llevar fruto

Los más entendidos ya se han dado cuenta del sentido que tienen las palabras de Jesús cuando dijo en Juan 12: «Ha llegado la hora para que el Hijo del Hombre sea glorificado. De cierto, de cierto os digo, que si el grano de trigo no cae en la tierra y muere, queda solo; pero si muere, lleva mucho fruto. El que ama su vida, la perderá; y el que aborrece su vida en este mundo, para vida eterna la guardará. Si alguno me sirve, sígame; y donde yo estuviere, allí también estará mi servidor. Si alguno me sirviere, mi Padre le honrará» (vv. 23-26).

Este pasaje declara que todo el que «cae en la tierra» (que se humilla con actitudes mansas) y «muere» (cede, calla y renuncia de manera temporal a sus razones por amor a la relación), llevará mucho fruto.

¡Ay! ¡Cómo duele!

Ahora bien, el que no está dispuesto a «caer y morir», quedará solo. La mayoría de los que hoy en día están solos después de haber estado casados, se lamentan reconociendo que pudieron haber evitado el divorcio y las funestas consecuencias emocionales y espirituales del mismo. Si tan solo hubiesen sido un poco más mansos y humildes en los momentos de conflicto, todo hubiera sido distinto. A la vez descubrieron que las otras relaciones que han tenido fueron más de lo mismo.

Conclusión: El denominador común fue la inmadurez.

## TÚ DECIDES CÓMO REACCIONARÁS A ESTAS VERDADES

Al leer este libro, tú decides cómo querrás reaccionar a las verdades vertidas en estas enseñanzas. Hay una parábola en los Evangelios donde se explica las diferentes reacciones que los seres humanos asumimos ante la Palabra de Dios, y es la parábola del sembrador. Esta habla acerca de la semilla que cayó en el camino, la que cayó en un pedregal, la que cayó entre espinos y la que cayó en buena tierra.

> HE AQUÍ, EL SEMBRADOR SALIÓ A SEMBRAR. Y MIENTRAS SEMBRABA, PARTE DE LA SEMILLA CAYÓ JUNTO AL CAMINO;

> Y VINIERON LAS AVES Y LA COMIERON. PARTE CAYÓ EN PEDREGALES, DONDE NO HABÍA MUCHA TIERRA; Y BROTÓ PRONTO, PORQUE NO TENÍA PROFUNDIDAD DE TIERRA; PERO SALIDO EL SOL, SE QUEMÓ; Y PORQUE NO TENÍA RAÍZ, SE SECÓ. Y PARTE CAYÓ ENTRE ESPINOS; Y LOS ESPINOS CRECIERON, Y LA AHOGARON. PERO PARTE CAYÓ EN BUENA TIERRA, Y DIO FRUTO, CUÁL A CIENTO, CUÁL A SESENTA, Y CUÁL A TREINTA POR UNO. EL QUE TIENE OÍDOS PARA OÍR, OIGA.
>
> MATEO 13:3-9

Luego, Jesús continúa explicando en los versos del 18 al 23:

> OÍD, PUES, VOSOTROS LA PARÁBOLA DEL SEMBRADOR: CUANDO ALGUNO OYE LA PALABRA DEL REINO Y NO LA ENTIENDE, VIENE EL MALO, Y ARREBATA LO QUE FUE SEMBRADO EN SU CORAZÓN. ESTE ES EL QUE FUE SEMBRADO JUNTO AL CAMINO. Y EL QUE FUE SEMBRADO EN PEDREGALES, ÉSTE ES EL QUE OYE LA PALABRA, Y AL MOMENTO LA RECIBE CON GOZO; PERO NO TIENE RAÍZ EN SÍ, SINO QUE ES DE CORTA DURACIÓN, PUES AL VENIR LA AFLICCIÓN O LA PERSECUCIÓN POR CAUSA DE LA PALABRA, LUEGO TROPIEZA. EL QUE FUE SEMBRADO ENTRE ESPINOS, ÉSTE ES EL QUE OYE LA PALABRA, PERO EL AFÁN DE ESTE SIGLO Y EL ENGAÑO DE LAS RIQUEZAS AHOGAN LA PALABRA, Y SE HACE INFRUCTUOSA. MAS EL QUE FUE SEMBRADO EN BUENA TIERRA, ESTE ES EL QUE OYE Y ENTIENDE LA PALABRA, Y DA FRUTO; Y PRODUCE A CIENTO, A SESENTA, Y A TREINTA POR UNO.

## ¿DÓNDE ESTÁN MIS DERECHOS HUMANOS?

Es probable que algunas de estas verdades te hagan sentir indignado porque no parecen «preceptos justos para tus derechos humanos», ¡pero espera, espera! ¿Quién dijo que el evangelio era justo?

Ni siquiera Jesús reclamó diciendo que su Reino era justo. La lucha de Jesús era una revolución de misericordia, no de justicia. Por eso dijo que no había venido para buscar a justos, sino a pecadores. Y que aquel que estuviera libre de pecado, que tirara la primera piedra. ¿Por qué? Porque si todos hemos pecado, todos fuimos objeto de la misericordia de Dios. Por lo tanto, todos los perdonados tenemos la obligación de perdonar, y a todos los que nos han cubierto de misericordia tenemos que ofrecer misericordia a los que nos ofenden.

Ninguna oración se escuchará en el cielo si no perdonamos a nuestros deudores de amor. En Mateo 6, cuando Jesús nos enseñó a orar, dijo lo siguiente:

> Y perdónanos nuestras deudas, como también nosotros perdonamos a nuestros deudores [...] Porque si perdonáis a los hombres sus ofensas, os perdonará también a vosotros vuestro Padre celestial; mas si no perdonáis a los hombres sus ofensas, tampoco vuestro Padre os perdonará vuestras ofensas.
>
> Mateo 6:12, 14-15

## ¡NO PERMITAS QUE TE ROBEN!

El que no quiera escuchar estas palabras será como la semilla que cayó en el camino (haciendo referencia a la parábola anterior); ¡No la entendió! Entonces vendrá Satanás y robará la Palabra de su corazón. Y cualquier otra que le quede, de lo poco que tenga, la robará también. Estos son los que aún asistiendo a la iglesia se divorcian y justifican su decisión por otras razones que no son las bíblicas. Se hacen sabios en su propia opinión y llegan a conclusiones lógicas y muy humanas. ¡Claro! Con todo el respaldo de «los que te aman», que pasan por alto las verdades revolucionarias de Dios. Estas verdades no son fáciles de aplicar, pero siempre han dado los mejores resultados.

Por eso, si estuviera en alguna crisis, preferiría estar rodeado de los que conocen el consejo de Dios, aunque sus palabras hieran «mis sentimientos saturados de carne y sangre». Proverbios 27:5-6 dice: «Mejor es reprensión manifiesta, que amor oculto. Fieles son las heridas del que ama». ¡Sí! Por favor, hiéranme con la verdad que me hará libre de mí mismo y no me tengan lástima. Gracias por llorar conmigo, eso me alienta y me consuela. No obstante, díganme la verdad de Dios aunque no me agrade. Una sola verdad de Dios es más poderosa que muchas razones humanas.

> PORQUE MIS PENSAMIENTOS NO SON VUESTROS PENSAMIENTOS, NI VUESTROS CAMINOS MIS CAMINOS, DIJO JEHOVÁ. COMO SON MÁS ALTOS LOS CIELOS QUE LA TIERRA, ASÍ SON MIS CAMINOS MÁS ALTOS QUE VUESTROS CAMINOS, Y MIS PENSAMIENTOS MÁS QUE VUESTROS PENSAMIENTOS. PORQUE COMO DESCIENDE DE LOS CIELOS LA LLUVIA Y LA NIEVE, Y NO VUELVE ALLÁ, SINO QUE RIEGA LA TIERRA, Y LA HACE GERMINAR Y PRODUCIR, Y DA SEMILLA AL QUE SIEMBRA, Y PAN AL QUE COME, ASÍ SERÁ MI PALABRA QUE SALE DE MI BOCA; NO VOLVERÁ A MÍ VACÍA, SINO QUE HARÁ LO QUE YO QUIERO, Y SERÁ PROSPERADA EN AQUELLO PARA QUE LA ENVIÉ. PORQUE CON ALEGRÍA SALDRÉIS, Y CON PAZ SERÉIS VUELTOS; LOS MONTES Y LOS COLLADOS LEVANTARÁN CANCIÓN DELANTE DE VOSOTROS, Y TODOS LOS ÁRBOLES DEL CAMPO DARÁN PALMADAS DE APLAUSO. EN LUGAR DE LA ZARZA CRECERÁ CIPRÉS, Y EN LUGAR DE LA ORTIGA CRECERÁ ARRAYÁN; Y SERÁ A JEHOVÁ POR NOMBRE, POR SEÑAL ETERNA QUE NUNCA SERÁ RAÍDA.
>
> ISAÍAS 55:8-13

## ¡NO PERMITAS QUE TU CORAZÓN SE CONVIERTA EN UN PEDREGAL!

Los que reciban con gozo los consejos de este libro, creerán con esperanza que su matrimonio recuperará fuerzas e ingresará a un nivel de intimidad mayor. Cobrarán ánimo y comenzarán a aplicar los principios que restauran las relaciones. Sin embargo, ante el primer choque con el muro de su cónyuge, frente a la aflicción de la decepción o la persecución consecuente de nuevas actitudes que nadie entiende, vendrá el desánimo para hacerlos claudicar y enseguida dejarán de orar para luego dudar de la eficacia de la Palabra. Estas situaciones son como la semilla que se sembró en pedregales. No tienen raíz. Son de corta duración. Entonces la fe tropieza con la duda y vuelves atrás, a tus viejos métodos de supervivencia: «la guerra o la huida».

> Y POR HABERSE MULTIPLICADO LA MALDAD, EL AMOR DE MUCHOS SE ENFRIARÁ. MAS EL QUE PERSEVERE HASTA EL FIN, ESTE SERÁ SALVO.
>
> MATEO 24:12-13

Habrá también algunos que lean este libro y lo consideren bueno, pero un poco idealista como para ser cierto. O quizá lo visualicen como una meta inalcanzable teniendo en cuenta la realidad de su vida, y digan: «No tengo tiempo para cuidar de mi salud, mucho menos voy a tener tiempo para aplicar esos principios platónicos. ¡Olvídalo! ¡Gracias! No es para mí». Es lamentable, pero estos son los que cumplen la palabra profética de Jesús cuando hizo referencia a la semilla sembrada entre espinos, que son los futuros creyentes que están ahogados de afanes y preocupaciones por causa de sus negocios y trabajos. La Palabra no halla espacio en sus corazones porque, al parecer, «está fuera de la realidad que viven». La verdad quedó ahogada y no dio fruto...

# NINGUNO PUEDE SERVIR A DOS SEÑORES

Jesús nos dice que solo podemos servir a un señor. Entonces, ¿hacia dónde van dirigidos casi todos nuestros pensamientos, tiempo y esfuerzos que nos indican a quién servimos? La solución está en buscar primero a Dios:

Ninguno puede servir a dos señores; porque o aborrecerá al uno y amará al otro, o estimará al uno y menospreciará al otro. No podéis servir a Dios y a las riquezas. Por tanto os digo: No os afanéis por vuestra vida, qué habéis de comer o qué habéis de beber; ni por vuestro cuerpo, qué habéis de vestir. ¿No es la vida más que el alimento, y el cuerpo más que el vestido? Mirad las aves del cielo, que no siembran, ni siegan, ni recogen en graneros; y vuestro Padre celestial las alimenta. ¿No valéis vosotros mucho más que ellas? ¿Y quién de vosotros podrá, por mucho que se afane, añadir a su estatura un codo? Y por el vestido, ¿por qué os afanáis? Considerad los lirios del campo, cómo crecen: no trabajan ni hilan; pero os digo, que ni aun Salomón con toda su gloria se vistió así como uno de ellos. Y si la hierba del campo que hoy es, y mañana se echa en el horno, Dios la viste así, ¿no hará mucho más a vosotros, hombres de poca fe? No os afanéis, pues, diciendo: ¿Qué comeremos, o qué beberemos, o qué vestiremos? Porque los gentiles buscan todas estas cosas; pero vuestro Padre celestial sabe que tenéis necesidad de todas estas cosas. Mas buscad primeramente el reino de Dios y su justicia, y todas estas cosas os serán añadidas. Así que, no os afanéis por el día de mañana, porque el día de mañana traerá su afán. Basta a cada día su propio mal.

MATEO 6:24-34

El cielo y la tierra pasarán, pero mis palabras no pasarán. Mirad también por vosotros mismos, que vuestros corazones no se carguen de glotonería y embriaguez y de los afanes de esta vida, y venga de repente sobre vosotros aquel día.

LUCAS 21:33-34

Los valientes que creen, ya sea por convicción de fe o porque no tengan otra opción debido a que lo han perdido todo y esta es la última carta que les queda por jugar, tal vez decidan considerar estos principios antes de rendirse por completo y aplicarlos con fuerza. Pondrán por obra cada consejo al pie de la letra y no querrán desviarse ni a izquierda ni a derecha. Esperarán como el buen labrador que siembra su semilla y sabe que no hallará fruto al día siguiente, pero con mucha paciencia verá brotar la primera flor y surgir el fruto final. Estos representan a los de las semillas sembradas en buena tierra. Llevarán mucho fruto, y cada fruto dará más fruto. Así aseguran la perpetuidad de la bendición para las siguientes generaciones por venir.

## ¿Hallará Dios fe en la tierra?

El sueño de Dios es hallar fe en la tierra. Él anhela encontrar personas dispuestas a creer en lo imposible, a escuchar sus recomendaciones, aunque les parezcan descabelladas, y ponerlas por obra. Esas personas descubrirán que lo descabellado de Dios es más sabio que las filosofías más ilustres de los hombres. Que lo «sin sentido de Dios» puede revolucionar nuestra vida si obedecemos con fe en el poder de su Nombre y en la autoridad de su Palabra.

Por eso, Jesús se maravilló de la fe del centurión cuando creyó con tanta sencillez en el poder de la Palabra que salía de la boca de Jesús. Mateo 8 lo describe así:

> Entrando Jesus en Capernaum, vino a él un centurión, rogándole, y diciendo: Señor, mi criado está postrado en casa, paralítico, gravemente atormentado. Y Jesús le dijo: Yo iré y le sanaré. Respondió el centurión y dijo: Señor, no soy digno de que entres bajo mi techo; solamente di la palabra, y mi criado sanará. Porque también yo soy hombre bajo autoridad, y tengo bajo mis órdenes soldados; y digo a éste: Ve, y va; y al otro: Ven, y viene; y a mi siervo: Haz esto,

> Y LO HACE. AL OÍRLO JESÚS, SE MARAVILLÓ, Y DIJO A LOS QUE LE SEGUÍAN: DE CIERTO OS DIGO, QUE NI AUN EN ISRAEL HE HALLADO TANTA FE. Y OS DIGO QUE VENDRÁN MUCHOS DEL ORIENTE Y DEL OCCIDENTE, Y SE SENTARÁN CON ABRAHAM E ISAAC Y JACOB EN EL REINO DE LOS CIELOS; MAS LOS HIJOS DEL REINO SERÁN ECHADOS A LAS TINIEBLAS DE AFUERA; ALLÍ SERÁ EL LLORO Y EL CRUJIR DE DIENTES. ENTONCES JESÚS DIJO AL CENTURIÓN: VE, Y COMO CREÍSTE, TE SEA HECHO. Y SU CRIADO FUE SANADO EN AQUELLA MISMA HORA.
>
> MATEO 8:5-13

## EL ESPÍRITU SANTO NOS DESPERTARÁ DEL SUEÑO

Confío en que el Espíritu Santo nos despierte del sueño en que hemos caído. Aunque la Biblia predice que el amor de muchos se enfriará, sin embargo, estoy convencido que los últimos tiempos serán la era donde Dios se glorificará en la Iglesia, restaurando familias completas. El Espíritu educará al pueblo acerca de cómo amarse y transformará el corazón de los hombres impartiéndoles el don de amar a sus esposas de manera sacrificial, como Cristo amó a la Iglesia. Levantará a las mujeres en una autoridad espiritual sin precedentes como fruto del respeto que aprendieron a darle a su esposo a pesar de sus debilidades. El Señor hará que se torne el corazón de los padres hacia sus hijos y el de los hijos hacia sus padres, evitando así que la maldición cubra toda la tierra.

> HE AQUÍ, YO OS ENVÍO EL PROFETA ELÍAS, ANTES QUE VENGA EL DÍA DE JEHOVÁ, GRANDE Y TERRIBLE. ÉL HARÁ VOLVER EL CORAZÓN DE LOS PADRES HACIA LOS HIJOS, Y EL CORAZÓN DE LOS HIJOS HACIA LOS PADRES, NO SEA QUE YO VENGA Y HIERA LA TIERRA CON MALDICIÓN.
>
> MALAQUÍAS 4:5-6

No hay mayor señal que esta sobre la tierra: que las familias de la iglesia le muestren al mundo que el orden de Dios no tiene comparación ni sustitución, que el diseño original todavía da resultados. Si en ocasiones no resultó, fue porque nos desviamos del camino y porque caímos en el error de escuchar la voz de los hombres y no la de Dios revelada a través de su Palabra. Gracias a la obra del Espíritu Santo pudimos hallar las sendas antiguas que nos llevaron a descubrir los propósitos de Dios para la creación. Si caminamos en armonía hacia nuestro propósito, prosperaremos en todo para testimonio del mundo.

# Detente y pregunta por las sendas antiguas

En el hogar, Dios nos señala las sendas antiguas por las que debemos andar. Solo allí seremos capaces de hallar la paz y el verdadero descanso para nuestras almas.

> Así dijo Jehová: Paraos en los caminos, y mirad, y preguntad por las sendas antiguas, cuál sea el buen camino, y andad por él, y hallaréis descanso para vuestra alma. Mas dijeron: No andaremos.
>
> Jeremías 6:16

Los que no quieran verlo tendrán que taparse los ojos porque no hay peor ciego que el que no quiere ver. Los que no quieran oírlo tendrán que taparse los oídos. Sin embargo, «el que tiene oídos para oír, oiga», ya que el mundo verá y oirá cuán sabio fue Dios al planificar el matrimonio y la familia de la forma que lo hizo.

Mientras el mundo se hunde en una corrupción de grandes proporciones, la mayor de toda la historia humana, la iglesia mostrará la senda de la justicia de Dios a través de matrimonios y familias restauradas.

Esto ocurrirá antes de que venga el día grande y terrible.

¡Amén, Señor! ¡Que así sea! ¡Sí, amén!

# capítulo 2

# ¿LEALTAD O FIDELIDAD? ¿NO ES LO MISMO?

Sin duda alguna, la fidelidad exige lealtad. Aun así, a la hora de analizar todo el significado que encierran estas palabras en la vida matrimonial, hay que entrar en una serie de detalles que nos permitan entenderlas en su totalidad. Veamos...

## PRINCIPIOS DE VIDA

Permíteme sugerirte que al leer los consejos que desarrollaré a continuación, no los analices contemplando si se ajustan o no a la situación personal que estás viviendo. Estos «Principios de vida» son para todos, ya que son verdades fundamentales sobre las cuales se rigen las relaciones humanas en cualquier circunstancia y contexto. Como todo principio, tienen una aplicación en cualquier estructura de vida. Por lo tanto, puedes aplicarlos en cualquier situación que te encuentres. Así que si no eres casado, no te cierres al asunto. Por el contrario, presta atención con sumo cuidado. Déjame volver a repetirte las palabras de Jesús: «El que tiene oídos para oír, oiga» (Mateo 11:15).

Al continuar leyendo el libro descubrirás que obviamente estoy caminando en la enseñanza y la dirección que Dios me dio para el matrimonio: la indisolubilidad de la relación y la permanencia del compromiso. Esto significa que el casado tendrá que quedarse así por el resto de su vida. Esta es la voluntad de Dios que hizo «atragantar» a los discípulos cuando oyeron a Jesús hablar sobre la permanencia del matrimonio.

A través de los principios bíblicos descubrirás lo que Dios persigue mediante la vida matrimonial y cuáles son sus propósitos desde el origen de la familia en el Edén. Conoceremos también los propósitos e intenciones de Dios aun para los que forman parte de una relación dañada que tuvo un mal comienzo. También hay planes divinos para esos a quienes «Dios no unió», aunque estos no permanezcan unidos para siempre. Si una relación es irreparable, Dios sigue teniendo propósitos contigo y con la otra persona, porque Él te creó para tener éxito en la vida a través de relaciones interpersonales saludables. ¡Sí, hasta con tus «enemigos»! Recuerda, las verdades de Dios son universales.

Así es que para los que ya están «atragantados» como los discípulos, reciban esta palabra en su corazón con mucho amor y humildad, a fin de que no les tengan que dar reanimación cardiopulmonar mientras lean este libro.

Te pido, por favor, que no me escuches a mí. Inclina tu corazón a la Palabra y oye la voz de Dios a través de estos principios.

# Ajústate el cinturón de seguridad que... ¡aquí vamos!

El profeta Malaquías dice lo siguiente:

••• ¿LEALTAD O FIDELIDAD? ¿NO ES LO MISMO? •••

¿No tenemos todos un mismo padre? ¿No nos ha creado un mismo Dios? ¿Por qué, pues, nos portamos deslealmente el uno contra el otro, profanando el pacto de nuestros padres? Prevaricó Judá, y en Israel y en Jerusalén se ha cometido abominación; porque Judá ha profanado el santuario de Jehová que él amó, y se casó con hija de dios extraño. Jehová cortará de las tiendas de Jacob al hombre que hiciere esto, al que vela y al que responde, y al que ofrece ofrenda a Jehová de los ejércitos.

Y esta otra vez haréis cubrir el altar de Jehová de lágrimas, de llanto, y de clamor; así que no miraré más a la ofrenda, para aceptarla con gusto de vuestra mano. Mas diréis: ¿Por qué? Porque Jehová ha atestiguado entre ti y la mujer de tu juventud, contra la cual has sido desleal, siendo ella tu compañera, y la mujer de tu pacto. ¿No hizo él uno, habiendo en él abundancia de espíritu? ¿Y por qué uno? Porque buscaba una descendencia para Dios. Guardaos, pues, en vuestro espíritu, y no seáis desleales para con la mujer de vuestrapa juventud. Porque Jehová Dios de Israel ha dicho que él aborrece el repudio, y al que cubre de iniquidad su vestido, dijo Jehová de los ejércitos. Guardaos, pues, en vuestro espíritu, y no seáis desleales.

MALAQUÍAS 2:10-16

Desarrollaré algunas frases de este pasaje bíblico de modo que le encontremos sentido a cada uno de los principios que revela.

### ✥ «¿No tenemos todos un mismo padre?»

Las dos personas que conforman un matrimonio tienen el mismo Padre, Dios. Como todo buen Padre, ama por igual a sus hijos y siempre procurará mantener una relación cercana, saludable, en comunión y reconciliada entre ellos. Pues, entonces, si ambos somos sus hijos, ¿por qué nos atacamos como si fuéramos extraños o enemigos? Cuando Dios nos ve disgustados el uno con el otro, no le da mucha importancia a quién tiene la razón, sino que se detiene en observar la comunión rota entre dos de sus hijos.

Cuando como padres teníamos que intervenir en algún conflicto entre nuestros hijos, lo que más nos preocupaba eran las actitudes que cada uno asumía durante el conflicto. Nunca dimos por sentado que no tendrían peleas, discusiones y desavenencias, pero siempre procurábamos que las resolvieran. Entonces observábamos qué acciones negativas asumieron durante el conflicto para luego hacérselos notar y corregirlos. Como padres, nuestro interés es que ambos aprendan de la experiencia y terminen en una mejor relación, más madura.

En nuestro hogar, cuando nuestros hijos se enfrentaban, lo primero que observábamos como padres y jueces del conflicto era cómo se habían tratado. Si descubríamos que nuestro hijo tenía la razón, pero había agredido a su hermana como producto de su frustración, no le podíamos hacer justicia porque pecó en el proceso. Ambos recibían disciplina. Ella por haber provocado el problema. Él por haberla agredido.

Luego les explicábamos que en la vida siempre tendrían conflictos donde los demás actuarían de manera indebida. No obstante, debían saber que lo malo de los demás no era una justificación para que respondieran de la misma manera. Les enseñamos que solo les haríamos justicia cuando respondieran con humildad ante «el ofensor». ¡Solo entonces les dábamos todo nuestro respaldo a su causa!

Lo mismo ocurría cuando nuestra hija tenía la razón, pero que en el proceso le faltaba el respeto a su hermano. Ambos recibían disciplina. No terminábamos el proceso de corrección hasta que los dos se pedían perdón y se daban un abrazo reconciliador.

Luego de estas enseñanzas, nuestros hijos aprendieron que era conveniente asumir actitudes mansas en medio de los conflictos para que: «Papá nos haga justicia; porque de lo contrario, los dos sufriremos las consecuencias». ¿Acaso no es justo lo mismo que siente Dios cuando cada uno reclama justicia, pero no cuida la manera en que reacciona durante el conflicto? Lo peor de todo es cuando la actitud que asumió fue ofensiva e irrespetuosa y el producto final fue el enojo y el rechazo. Esto sin mencionar la agresión.

Dios no atenderá nuestras necesidades hasta que aprendamos a tratarnos bien durante los conflictos. Si queremos que Dios nos respalde en nuestras razones, aun cuando estemos airados, tendremos que tratar con respeto a nuestro cónyuge.

> AIRAOS, PERO NO PEQUÉIS; NO SE PONGA EL SOL SOBRE VUESTRO ENOJO, NI DEIS LUGAR AL DIABLO.
> 
> EFESIOS 4:26-27

Es lamentable, pero aun cuando tengamos la razón, Dios no nos hará justicia si los procedimientos que utilizamos no fueron los apropiados. Aun teniendo la razón, el señor nos disciplinará porque para Él es más importante la comunión que la razón.

### «¿No nos ha creado un mismo Dios?»

Esta pregunta lleva implícita una clara respuesta: En el matrimonio, los dos debemos rendir cuentas a Dios, el Creador, por lo que hacemos con esta relación que consagró Él.

Cuando el pacto matrimonial se hace delante de Dios, al invocar su nombre sobre nosotros decidimos someter nuestra relación a su autoridad. Rogamos su bendición, pero esta tiene un precio: Nuestra sujeción al sistema de valores establecido por Él para el matrimonio. Ese día en el altar decidimos que Dios sería el juez entre nosotros. No debes olvidar que tu Dios es el mismo que el de tu cónyuge.

Supongo que este pensamiento nos pone en perspectiva a la hora de tomar decisiones. Quizá muchos no estábamos al tanto de los compromisos incurridos en el altar cuando sellamos el pacto de lealtad con los anillos. Con todo, la ignorancia no nos exime de responsabilidad. Habrá misericordia para el ignorante, pero nada lo exime de asumir la responsabilidad ante lo que es la voluntad del Dios Soberano. Algunos dirán:

«Bueno, pues... si el asunto es así, mejor juntarnos sin casarnos para no tener que rendirle cuentas a Dios y poder tomar las decisiones que mejor nos convengan a cada uno sin tener que sujetarnos a nadie».

Es de lamentar que este sea el camino que muchos han decidido tomar. Sin embargo, olvidan que este mundo le pertenece a Jehová Dios y que ellos no se crearon a sí mismos. Por lo tanto, no tienen opciones. Están bajo un reino del cual mientras vivan allí tendrán que sujetarse a sus leyes y reglamentos. Además, es necesario saber que los reinos de este mundo les sacan provecho a sus ciudadanos y se enseñorean de ellos. No obstante, el reino de Dios no tiene comparación porque envió a su Señor a morir por nosotros y a prepararnos para que disfrutemos de sus riquezas en gloria. A la larga, nos pondrá a reinar junto con Él para vergüenza de todos los que no creyeron ni quisieron someterse al Dios Creador. ¡Aunque parezca mentira!

Ese Dios Creador determinó que en la unión sexual entre un hombre y una mujer tiene que mediar un pacto. Todo pacto válido requiere una autoridad que los una, testigos que lo confirmen y un documento que lo certifique. El primer matrimonio celebrado en la historia cumplió con esos tres requisitos. Dios mismo, la autoridad máxima en los cielos y la tierra, los casó. Los ángeles fueron los testigos y se documentó en el libro del Génesis. Este es el primer documento de Registro demográfico de la humanidad. Por eso, a toda unión consensual que no está bajo la bendición de Dios, nada podrá justificarla y se declarará una unión fornicaria.

### «¿Por qué, pues, nos portamos deslealmente?»

Es importantísimo definir lo que es ser desleal, pues para la mayoría de las personas la palabra significa «infidelidad», pero esa no es su definición en realidad.

La definición del diccionario para la palabra «lealtad» es: «Cumplimiento de lo que exigen las leyes de la fidelidad y las del honor y hombría de bien»[1]. Explicado en otras palabras, es saber tratar con honor a su cónyuge por lo que es y no necesariamente por lo que hace o cómo se comporta.

Podemos decir... ¡Ay! ¡Cómo duele!

Si una persona leal es la que trata a su cónyuge conforme a lo que es, cabe la pregunta: ¿Y quién es tu cónyuge por definición bíblica? La respuesta es la siguiente:

> VOSOTROS, MARIDOS, IGUALMENTE, VIVID CON ELLAS SABIAMENTE, DANDO HONOR A LA MUJER COMO A VASO MÁS FRÁGIL, Y COMO A COHEREDERAS DE LA GRACIA DE LA VIDA, PARA QUE VUESTRAS ORACIONES NO TENGAN ESTORBO.
>
> 1 PEDRO 3:7

Para que no haya lugar a dudas, un coheredero es quien va a heredar junto con nosotros y va a disfrutar lo mismo que nosotros del lugar y de los privilegios de la herencia. Lo recibirá el mismo Dios que nos recibirá a nosotros cuando ingresemos al Reino de los cielos.

El diccionario continúa definiendo la palabra «lealtad» así: «Amor o gratitud que muestran al hombre algunos animales, como el perro y el caballo»[2].

Sabemos que no siempre los amos tratan bien a sus mascotas o animales de servicio. Sin embargo, estos siempre son leales. El «mejor amigo del hombre» siempre está al lado de su amo de manera incondicional, listo para darse por él cuando este lo necesite. Lo protege aunque no sea el perro más satisfecho del mundo. A pesar del trato que recibe, siempre que se lo permitan, procurará dormir al lado de su amo.

¡Qué bofetada! ¿Verdad?

Por lo tanto, un individuo leal es aquel que sabe honrar a otra persona independientemente de los problemas que pueda tener con ella. En fin, esto nos enseña que, si aplicamos la capacidad de lealtad que tienen estos animales, nunca debemos abandonar a nuestros cónyuges, y mucho menos en tiempo de crisis.

## «Profanando el pacto de nuestros padres»

El pacto de nuestros padres es la bendición de Abraham que Dios les prometió a todas las familias de la tierra. Esta no es automática para todos los seres humanos, sino solo para los que imiten la fe de Abraham, considerado a través de la historia como el «padre de la fe». Las religiones más importantes del mundo, como el judaísmo, el islam y el cristianismo, concuerdan con el lugar de honra que ocupa Abraham como fundador o padre de sus religiones respectivas. La promesa de Dios para él fue: «Y serán benditas en ti todas las familias de la tierra» (Génesis 12:3).

El compromiso que Jehová hizo se establece sobre el fundamento familiar que Abraham creó como resultado de su fe en Dios. Veamos lo que encontramos en Génesis:

> Y JEHOVÁ DIJO: ¿ENCUBRIRÉ YO A ABRAHAM LO QUE VOY A HACER, HABIENDO DE SER ABRAHAM UNA NACIÓN GRANDE Y FUERTE, Y HABIENDO DE SER BENDITAS EN ÉL TODAS LAS NACIONES DE LA TIERRA? PORQUE YO SÉ QUE MANDARÁ A SUS HIJOS Y A SU CASA DESPUÉS DE SÍ, QUE GUARDEN EL CAMINO DE JEHOVÁ, HACIENDO JUSTICIA Y JUICIO, PARA QUE HAGA VENIR JEHOVÁ SOBRE ABRAHAM LO QUE HA HABLADO ACERCA DE ÉL.
>
> GÉNESIS 18:17-19

Este fundamento familiar se resume de esta manera: Primero, amó a su esposa y fue muy unido a ella; y segundo, amó con pasión a su hijo mucho antes de que naciera y se comprometió con enseñarle a adorar y amar a Dios. Su compromiso se probó hasta lo sumo, y por su obediencia ganó un lugar de honra delante de Dios y mucha prosperidad.

Este fundamento de vida familiar abrahámica aplicado a nosotros se traduce en lo siguiente:

1. El ambiente de la familia debe estar caracterizado por el amor que los padres se ofrecen entre sí.

2. El amor a los hijos y el compromiso en cultivar su vida espiritual como la prioridad. Todo lo anterior debe ser el fruto de nuestro amor por Dios y respeto por su voluntad.

Concluimos que todos los que vivan sobre este mismo fundamento y estilo de vida familiar provocarán que toda la bendición y prosperidad que Dios le prometió a Abraham caiga sobre ellos también. En esto se cumple la promesa de Dios: que en la fe de Abraham serían benditas todas las familias de la tierra.

Por lo tanto, no vivir este estándar de vida es «profanar el pacto de nuestros padres espirituales», de los cuales Abraham es el primero. Es bueno señalar que este fundamento familiar también caracterizó la vida de Isaac, Jacob y los descendientes directos de Abraham.

### «Judá ha profanado el santuario de Jehová que él amó, y se casó con hija de dios extraño»

Judá, uno de los hijos de Israel, profanó el templo o el santuario de Dios. La razón fue que se casó con la hija de un dios extraño. Esto muestra con claridad que la unión matrimonial también es espiritual, y por eso es necesario rendirle cuentas al único Dios verdadero. De ahí que casarse con una persona de fe pagana, o de ninguna fe, es contraproducente y atenta contra los propósitos de Dios para la familia.

Por eso, unirse a una persona no creyente es faltarle el respeto al Dios que constituyó el matrimonio bajo estatutos muy específicos. Es profanar el santuario donde se invoca su nombre. En esta era posmodernista hay cristianos que justifican algunas uniones matrimoniales sobre la base de argumentos humanistas que carecen de fundamento bíblico. Estos argumentos tienen mucho sentido y resultan ser análisis lógicos e inteligentes, pero violentan la voluntad de Dios.

Sé que lo antes expresado parece muy duro, pero esa es la verdad de Dios. Cabe decir que si alguien ha violentado algún principio del Reino de Dios, solo tiene que humillarse ante Él y pedirle perdón. Si hay algo que abunda en el Reino de Dios es la misericordia.

### «Haréis cubrir el altar de Jehová de lágrimas, de llanto, y de clamor; así que no miraré más a la ofrenda, para aceptarla con gusto de vuestra mano.

**Mas diréis: ¿Por qué? Porque Jehová ha atestiguado entre ti y la mujer de tu juventud, contra la cual has sido desleal, siendo ella tu compañera, y la mujer de tu pacto»**

Es evidente que esta palabra está dirigida a los cristianos que oran en los altares, clamando y gimiendo delante de la presencia del Señor buscando su bendición y el respaldo del Espíritu Santo. El Señor no escuchará ni tomará en cuenta todo ese despliegue de espiritualidad. Cuando hay obstáculos en la oración, no llega la bendición.

Entonces, quizá se pregunten: *¿Por qué Dios nos está dando la espalda?* Según este pasaje, la razón es clara: Porque Jehová ha atestiguado. Él ha sido el testigo silencioso de cómo nos hemos comportado con nuestro cónyuge. Dios observa con dolor y tristeza en su corazón cuando en el santuario de nuestro hogar se escuchan gritos de ira, palabras hirientes, críticas denigrantes, gestos desagradables, tonos de voz desafiantes, irrespetuosos y hostiles; actitudes de desprecio, silencios de rebeldía y alejamientos de repudio, por mencionar solo algunos.

Tenemos que recordar que Dios exige un ambiente especial en nuestro hogar y tenemos la responsabilidad de procurarlo y mantenerlo. Esta clase de ambiente asegura que esa relación sea permanente. La palabra que lo resume todo es: AMOR. Sin embargo, como esta palabra ya está viciada, y en estos tiempos significa tan poco, debemos cambiarla por otra palabra que Dios utiliza de manera profética en las Escrituras: HONRA. Digo que de manera profética porque como Él sabía que el amor perdería su significado en los últimos tiempos, adelantándose a los acontecimientos utilizó la palabra «honra» para ayudarnos a interpretar como es debido lo que quería decir.

Muchos creen que aman por lo que sienten y se olvidan que lo que sienten solo lo saben ellos. En otras palabras, el receptor del amor no siente que le aman a menos que se lo demuestren, debido a que el amor sin obras es muerto. Algunos piensan que al sacrificarse en lo laboral para llevar provisión y suplir las necesidades del hogar están demostrando el amor.

A pesar de eso, te aseguro que toda la familia estaría dispuesta a renunciar a esas comodidades si tan solo tuviera la dicha de disfrutar de ti en un ambiente de gozo, alegría, paz, comunión, armonía, comunicación bilateral cómoda y relajada, además de halagos y reconocimientos de afirmación que les ofrezcas de forma continua. Esto último es honra. Aunque muchos ponen por excusa que sus trabajos, negocios o actividades «se lo impiden» porque le roban todo el tiempo.

La honra no expresada pierde su significado y se convierte solo en «buenas intenciones», y de bienintencionados está lleno el infierno. ¡Ay! Perdón, se me escapó...

Cuando en ese ambiente de honra empieza a descuidarse la unidad, esa relación entra bajo amenaza. Los impulsos de la carne comienzan a tomar dominio. Las reacciones egoístas, la manipulación y la arrogancia minan poco a poco la relación. La tristeza y el dolor complican aun más la reconciliación y la impiden. Entonces, las diferencias que Dios creó entre el hombre y la mujer para que fueran complementarios y los uniera más, ahora representan elementos de división y frustración por no entenderse. Sumado a eso, ahora nuestra vida espiritual cae al fondo del barril porque Dios no está dispuesto «a negociar» con los que no sean capaces de caminar en comunión porque no estuvieron dispuestos a someterse al «yugo de Dios».

El respeto por Dios nos obliga a resolver nuestros conflictos porque el amor por su autoridad doblega nuestra voluntad. El temor de Dios nos hace someternos a Él y aceptar sus veredictos.

### **«¿No hizo él uno, habiendo en él abundancia de espíritu?»**

Dios está preguntando: «¿Acaso no los hice yo uno?». Aquí continúa revelándonos otra gran verdad: En la unión hay abundancia de espíritu. Justo por eso es que Satanás tiene su mira puesta contra esta unidad llamada matrimonio, porque si la debilita o destruye, también debilita o destruye nuestra vida espiritual.

El matrimonio es una unión poderosamente espiritual porque es el reflejo de Dios que muestra su semejanza en la tierra. Imagínate que cuando Dios quiso crear al hombre dijo:

> HAGAMOS AL HOMBRE A NUESTRA IMAGEN, CONFORME A NUESTRA SEMEJANZA; Y SEÑOREE EN LOS PECES DEL MAR, EN LAS AVES DE LOS CIELOS, EN LAS BESTIAS, EN TODA LA TIERRA, Y EN TODO ANIMAL QUE SE ARRASTRA SOBRE LA TIERRA. Y CREÓ DIOS AL HOMBRE A SU IMAGEN, A IMAGEN DE DIOS LO CREÓ; VARÓN Y HEMBRA LOS CREÓ. Y LOS BENDIJO DIOS.
>
> GÉNESIS 1:26-28

Nuestra semejanza a Dios no es solo en lo individual, sino también en lo relacional como pareja. Así como son entre sí (refiriéndome a las tres personas de la Trinidad), tenemos que ser entre nosotros, varón y hembra, complementándonos en una unidad permanente e indisoluble. Basado en el pasaje anterior, me atrevo a concluir que lo más parecido al Trino Dios en la tierra es el matrimonio. Esto explica el porqué hay abundancia de espíritu en él.

Jesús habló sobre el matrimonio y le dio un carácter tan serio a la relación que creó preocupación entre sus discípulos. Lee con detenimiento este pasaje:

> ACONTECIÓ QUE CUANDO JESÚS TERMINÓ ESTAS PALABRAS, SE ALEJÓ DE GALILEA, Y FUE A LAS REGIONES DE JUDEA AL OTRO LADO DEL JORDÁN. Y LE SIGUIERON GRANDES MULTITUDES, Y LOS SANÓ ALLÍ.
>
> ENTONCES VINIERON A ÉL LOS FARISEOS, TENTÁNDOLE Y DICIÉNDOLE: ¿ES LÍCITO AL HOMBRE REPUDIAR A SU MUJER POR CUALQUIER CAUSA? ÉL, RESPONDIENDO, LES DIJO: ¿NO HABÉIS LEÍDO QUE EL QUE LOS HIZO AL PRINCIPIO, VARÓN Y HEMBRA LOS HIZO, Y DIJO: POR ESTO EL HOMBRE DEJARÁ PADRE Y MADRE, Y SE UNIRÁ A SU MUJER, Y LOS DOS SERÁN UNA SOLA CARNE? ASÍ QUE NO SON YA MÁS DOS, SINO UNA SOLA CARNE; POR TANTO,

> LO QUE DIOS JUNTÓ, NO LO SEPARE EL HOMBRE. LE DIJERON: ¿POR QUÉ, PUES, MANDÓ MOISÉS DAR CARTA DE DIVORCIO, Y REPUDIARLA? ÉL LES DIJO: POR LA DUREZA DE VUESTRO CORAZÓN MOISÉS OS PERMITIÓ REPUDIAR A VUESTRAS MUJERES; MAS AL PRINCIPIO NO FUE ASÍ.
>
> MATEO 19:1-8

¡Qué verdad tan contundente la que enfrenta nuestra conciencia! Moisés les permitió a los israelitas dar carta de divorcio y repudiar a sus mujeres por la dureza de sus corazones. Por la vía de la concesión se les permitió el divorcio a los que querían a toda costa separarse, pero Jesús aclara que fue porque poseían un corazón contencioso. Sin embargo, al principio no era así. ¿Por qué ustedes creen que Jesús hace mención que en un inicio no fue así?

Contestamos esa pregunta con otra pregunta: ¿A qué vino Cristo? Hasta los cristianos más modernos contestarían lo que todos sabemos: Jesús vino a restaurar todas las cosas como fueron en un principio de la creación, antes de que el pecado entrara al mundo. ¿Acaso eso no incluye el matrimonio? Por eso la contundente respuesta de Jesús: «Así que no son ya más dos, sino una sola carne; por tanto, lo que Dios juntó, no lo separe el hombre» (Mateo 19:6).

### «¿Y por qué uno? Porque buscaba una descendencia para Dios»

Esta es una pregunta retórica que está haciendo Dios. No espera respuesta porque Él mismo la va a contestar.

«¿Y por qué uno?» O sea, ¿y por qué los hizo uno? La respuesta es que Dios buscaba una descendencia. ¡Qué verdad tan fuerte reveló Dios en esta declaración! ¡Vaya! Esto significa que para lograr esa descendencia hizo que el hombre y la mujer fueran uno.

«Los hizo uno». Esta frase no solo revela que les dio capacidad de convertirse en una sola carne, refiriéndose a las relaciones sexuales, sino también los hizo espiritualmente uno de modo que puedan darle descendencia a Dios. Él nos hizo «uno» para que seamos una fuente de hijos para el Reino de los cielos.

Sin embargo, es casi imposible lograr que nuestros hijos amen a Dios y se interesen por integrarse a su Reino, si los padres no conviven en unidad. Por eso impartió su imagen a la unidad del matrimonio, semejante a la unidad de la Trinidad, para que a través de la exposición a esa relación de amor matrimonial los hijos descubrieran la revelación de Dios.

Nacer en este mundo no nos hace hijos de Dios, sino sus criaturas, parte de su creación. Haber nacido del Espíritu nos hace hijos de Dios, según Jesús se lo explicó a Nicodemo. Esta verdad se encuentra en el capítulo 3 de Juan:

> HABÍA UN HOMBRE DE LOS FARISEOS QUE SE LLAMABA NICODEMO, UN PRINCIPAL ENTRE LOS JUDÍOS. ESTE VINO A JESÚS DE NOCHE, Y LE DIJO: RABÍ, SABEMOS QUE HAS VENIDO DE DIOS COMO MAESTRO; PORQUE NADIE PUEDE HACER ESTAS SEÑALES QUE TÚ HACES, SI NO ESTÁ DIOS CON ÉL. RESPONDIÓ JESÚS Y LE DIJO: DE CIERTO, DE CIERTO TE DIGO, QUE EL QUE NO NACIERE DE NUEVO, NO PUEDE VER EL REINO DE DIOS. NICODEMO LE DIJO: ¿CÓMO PUEDE UN HOMBRE NACER SIENDO VIEJO? ¿PUEDE ACASO ENTRAR POR SEGUNDA VEZ EN EL VIENTRE DE SU MADRE, Y NACER? RESPONDIÓ JESÚS: DE CIERTO, DE CIERTO TE DIGO, QUE EL QUE NO NACIERE DE AGUA Y DEL ESPÍRITU, NO PUEDE ENTRAR EN EL REINO DE DIOS. LO QUE ES NACIDO DE LA CARNE, CARNE ES; Y LO QUE ES NACIDO DEL ESPÍRITU, ESPÍRITU ES. NO TE MARAVILLES DE QUE TE DIJE: OS ES NECESARIO NACER DE NUEVO.
>
> JUAN 3:1-7

Los descendientes de Dios son los que Él reconoce como hijos. En otras palabras, la forma más eficaz de dirigir a los hijos a la fe y al amor por Dios es mostrándoles el amor de Dios a través de cómo los padres se aman entre sí. La lealtad (honra) matrimonial provoca que los hijos abracen a Dios.

¡Qué principio espiritual tan poderoso!

## 🔖 «Guardaos, pues, en vuestro espíritu, y no seáis desleales para con la mujer de vuestra juventud»

Las Escrituras, en el capítulo 2 de Malaquías, nos da la solución para lograr no ser desleales: «Guardaos en vuestro espíritu» (v. 15). O sea, «cuidarnos de manera espiritual». Es obvio que nos recuerda que sin Él nada podemos hacer. Tener del mismo amor de Dios es el resultado de una relación diaria con Él. Aquel que guarda comunión verdadera con Dios, también la guarda con su cónyuge. Por eso, en 1 Juan 2:8-11 dice:

> Sin embargo, os escribo un mandamiento nuevo, que es verdadero en Él y en vosotros, porque las tinieblas van pasando, y la luz verdadera ya alumbra. El que dice que está en la luz, y aborrece a su hermano, está todavía en tinieblas. El que ama a su hermano, permanece en la luz, y en él no hay tropiezo. Pero el que aborrece a su hermano está en tinieblas, y anda en tinieblas, y no sabe a dónde va, porque las tinieblas le han cegado los ojos.

Nadie puede tener comunión con Dios y no tenerla con su cónyuge. El que dice que tiene una buena relación con Dios y no la tiene con su cónyuge, se está engañando a sí mismo. Es por eso que las Escrituras confirman que nuestras oraciones tendrían estorbo por las asperezas con que tratamos a nuestra pareja.

En 1 Pedro 3:7 encontramos:

> Vosotros, maridos, igualmente, vivid con ellas sabiamente, dando honor a la mujer como a vaso más frágil, y como a coherederas de la gracia de la vida, para que vuestras oraciones no tengan estorbo.

Mientras más me acerque a Dios, más cariñoso y afectuoso seré. Si descuido mi relación con el Espíritu Santo, de manera automática comienza un proceso de deterioro interno que se reflejará en mi manera de tratar la relación. Cuando estamos en la carne, es difícil de sostener la relación matrimonial.

La luna de miel más extraordinaria que ha existido en toda la creación fue la de Adán y Eva. Imagínense, todo era perfecto. Eva no sufría dolores, ni tenía molestias físicas durante la relación íntima con Adán. El deseo sexual de Eva era parecido al de Adán. Todo era maravilloso, así que todos los encuentros sexuales eran poderosos.

Sin embargo... en cuanto entró el pecado, las cosas empezaron a cambiar dentro del corazón de ambos. El primer conflicto matrimonial registrado en la Biblia fue cuando Dios los enfrentó por haber comido del fruto prohibido y la respuesta de Adán fue culpar a Eva.

> ¿HAS COMIDO DEL ÁRBOL DE QUE YO TE MANDÉ NO COMIESES? Y EL HOMBRE RESPONDIÓ: LA MUJER QUE ME DISTE POR COMPAÑERA ME DIO DEL ÁRBOL, Y YO COMÍ.
>
> GÉNESIS 3:11-12

¡Qué actitud de poco hombre! «Tiró al medio» a su mujer. La culpó, como si lo hubiera obligado. Adán fue un cobarde. En vez de enfrentar la situación y asumir su responsabilidad, expuso a su esposa. Hasta casi acusa a Dios de haberle dado una esposa defectuosa. Desde entonces, muchos hombres han asumido esa misma actitud. No quiero excluir a las mujeres, porque una cada vez mayor cantidad de ellas están actuando de la misma manera y... ¡se armó la guerra!

¿A qué conclusión deberíamos llegar cuando actuamos así? ¡Que estamos en pecado! Estamos «caminando en la carne» y los frutos de la carne están dominándonos. De alguna manera me he contaminado con el mundo y por eso el Espíritu ya no tiene el control de mi vida, sino que está contrito.

El remedio a este conflicto es buscar el rostro de Dios y arrepentirnos. Limpiar nuestro corazón pidiéndole al Espíritu

Santo que entre y saque lo tenebroso de nuestro interior. Por lo general, no nos damos cuenta cuándo la maldad entra al corazón, la carne toma el control y dejamos de ser puros. Aun así, lo importante es que cuando veamos los frutos correspondientes a la carne, nos detengamos y corramos a los pies de Jesús, a fin de darnos una «limpieza» espiritual.

Todo esto le ocurre al pobre y al rico, al profesional y al obrero, al cristiano profeso y al que no asiste a la iglesia. También les ocurre a los pastores, apóstoles, profetas, maestros de la Palabra, diáconos, etc. Nadie está exento de que la carne interfiera en nuestra paz matrimonial. Satanás sabe utilizar de manera estratégica los designios de la carne, y por eso su principal objetivo es lograr que el afán de este mundo nos aleje un poco de Dios. Solo un poco será suficiente…

### «Jehová Dios de Israel ha dicho que él aborrece el repudio, y al que cubre de iniquidad su vestido»

Dios aborrece el repudio. Es obvio que esta palabra se utiliza en la Biblia para referirse al divorcio. No obstante, el significado de «repudiar» en el diccionario es: «Rechazar algo, no aceptarlo»[3]. De modo que el que se divorcia decide no aceptar más a su cónyuge tal como es, sino que le rechaza. Dios aborrece esta actitud, ya que el amor es una dinámica continua de aceptación y perdón. Aceptamos al otro por quien es, no por lo que hace o no hace. El compromiso de permanecer siendo compañeros no se basa en méritos personales, sino en un amor incondicional. Dios lo estableció de ese modo porque Él es así con nosotros.

> POR LA MISERICORDIA DE JEHOVÁ NO HEMOS SIDO CONSUMIDOS, PORQUE NUNCA DECAYERON SUS MISERICORDIAS. NUEVAS SON CADA MAÑANA; GRANDE ES TU FIDELIDAD.
> LAMENTACIONES 3:22-23

Tal vez te preguntes: ¿Y quién podrá sostener este estándar? ¿Quién podrá mantener un compromiso tal con su cónyuge si las cosas van mal? Eso mismo le dijeron los discípulos a Jesús en Mateo 19:10: «Si así es la condición del hombre con su mujer, no conviene casarse». Claro, que para quien lo mira desde la perspectiva de la carne, como lo veían ellos, le es imposible mantener ese pacto tan firme. Sin embargo, para quien lo ve en el Espíritu, advierte una oportunidad para crecer a la medida de la estatura de Cristo, porque la gracia de Dios lo capacitará para salir victorioso y le concederá la sabiduría y las estrategias para resolver conflictos. Además, le dará humildad y mansedumbre para ayudar a su cónyuge a crecer y madurar.

## ENTONCES... ¿QUÉ DECIDES?

El mensaje de Malaquías es bastante claro. Tal vez no has descubierto estos maravillosos principios de vida que encierra ese párrafo. No sé si a ti te ha ocurrido lo mismo, pero después de exponerme a un análisis bíblico de esta índole quedó en mí una sensación de impartición de dirección. Quedé contemplativo, junto con una energía impulsora, con ganas de practicarlo, aun cuando sé que hacerlo me va costar caro y le dará mucho dolor y humillación a mi naturaleza caída.

A pesar de eso, ¡quiero lograrlo! Por Dios y por mí. Por mi esposa y por mis hijos. Por mi congregación y por la Iglesia de Jesucristo. Por mi nación y por las naciones de esta tierra. Quiero ver a Satanás humillado al comprobar que sí se puede vivir a este nivel de sujeción a la voluntad de Dios y a este nivel de sabiduría.

## ¿SON LOS MINISTROS LOS MEJORES EJEMPLOS DE VIDA MATRIMONIAL?

Siempre se considera a los predicadores, pastores y obispos del evangelio los llamados a modelar el estilo de vida que agrada a Dios. Es obvio que esto es de esperar, ya que la autoridad de la predicación está en modelar la Palabra y dar ejemplo. Por lo tanto, veamos en las Escrituras los requisitos claros establecidos sobre la vida matrimonial de tales personas:

> PALABRA FIEL: SI ALGUNO ANHELA OBISPADO, BUENA OBRA DESEA. PERO ES NECESARIO QUE EL OBISPO SEA IRREPRENSIBLE, MARIDO DE UNA SOLA MUJER.
>
> 1 TIMOTEO 3:1-2

Es interesante, pero a los diáconos también se les somete a los mismos requisitos, ya que ejercen cierto nivel de autoridad en la congregación. La autoridad espiritual no es válida solo por el testimonio de vida en la congregación, sino por el testimonio como individuo en el papel familiar dentro del contexto del hogar.

> LOS DIÁCONOS SEAN MARIDOS DE UNA SOLA MUJER, Y QUE GOBIERNEN BIEN SUS HIJOS Y SUS CASAS. PORQUE LOS QUE EJERZAN BIEN EL DIACONADO, GANAN PARA SÍ UN GRADO HONROSO, Y MUCHA CONFIANZA EN LA FE QUE ES EN CRISTO JESÚS.
>
> 1 TIMOTEO 3:12-13

¿Y qué vamos a hacer con los líderes de las iglesias que tienen en su haber dos y tres matrimonios previos, sus hijos viven de manera desordenada y siguen ministrando solo por el impresionante manejo de la disertación en la predicación o por el gran compromiso que tienen con el ministerio? No lo sé, pero dejo ahí la pregunta.

¡Por favor, no pienses en nadie para juzgarlo! Solo aplica en tu vida estos principios bíblicos que te harán prosperar. De lo contrario, caerás también. Si yo hubiera fijado mis ojos en todos los malos ejemplos que he visto en líderes de la iglesia, no estaría aquí. He tenido que esforzarme en gran medida para no fijarme en los que viven de modo desordenado y que, además, parecen prosperar como si Dios los estuviera respaldando «a pesar de». Sé que es muy difícil de obviar, pero no imposible. Deja que esta Palabra entre a tu alma:

> Por tanto, nosotros también, teniendo en derredor nuestro tan grande nube de testigos, despojémonos de todo peso y del pecado que nos asedia, y corramos con paciencia la carrera que tenemos por delante, puestos los ojos en Jesús, el autor y consumador de la fe, el cual por el gozo puesto delante de él sufrió la cruz, menospreciando el oprobio, y se sentó a la diestra del trono de Dios. Considerad a aquel que sufrió tal contradicción de pecadores contra sí mismo, para que vuestro ánimo no se canse hasta desmayar.
>
> HEBREOS 12:1-3

# capítulo 3
# ¡SOY FANÁTICO DEL DISEÑO ORIGINAL!

En la Biblia se reconocen a los ángeles como hijos de Dios. Antes de la creación terrenal, de la cual los hombres somos parte, ya se habían creado a los ángeles. A todas las categorías de seres angelicales, por ser creación de Dios, se les consideraban hijos. Inclusive a Satanás, por haber sido creado en un inicio como un querubín (ángel de alto nivel) y entre ellos era «el Grande», también se le considera como hijo de Dios. En Job 1:6-7, encontramos lo siguiente:

> UN DÍA VINIERON A PRESENTARSE DELANTE DE JEHOVÁ LOS HIJOS DE DIOS, ENTRE LOS CUALES VINO TAMBIÉN SATANÁS. Y DIJO JEHOVÁ A SATANÁS: ¿DE DÓNDE

> **VIENES?** RESPONDIENDO SATANÁS A JEHOVÁ, DIJO: DE RODEAR LA TIERRA Y DE ANDAR POR ELLA.

Es evidente que a Satanás, como ángel creado por Dios, se le consideraba dentro de la categoría de los hijos de Dios. Cabe señalar que ya no lo es según la nueva definición que Jesús dio de acuerdo con los nuevos criterios del Reino de los cielos. Los hijos de Dios son «los que hacen la voluntad del Padre».

> NO TODO EL QUE ME DICE: SEÑOR, SEÑOR, ENTRARÁ EN EL REINO DE LOS CIELOS, SINO EL QUE HACE LA VOLUNTAD DE MI PADRE QUE ESTÁ EN LOS CIELOS. MUCHOS ME DIRÁN EN AQUEL DÍA: SEÑOR, SEÑOR, ¿NO PROFETIZAMOS EN TU NOMBRE, Y EN TU NOMBRE ECHAMOS FUERA DEMONIOS, Y EN TU NOMBRE HICIMOS MUCHOS MILAGROS? Y ENTONCES LES DECLARARÉ: NUNCA OS CONOCÍ; APARTAOS DE MÍ, HACEDORES DE MALDAD.
>
> MATEO 7:21-23

O sea, ya no somos hijos por creación, sino por un continuo pacto de fe en Jesús, el que perfeccionó la obediencia al Padre.

> MAS A TODOS LOS QUE LE RECIBIERON, A LOS QUE CREEN EN SU NOMBRE, LES DIO POTESTAD DE SER HECHOS HIJOS DE DIOS.
>
> JUAN 1:12

Una de las razones por la que Lucifer perdió su dignidad y lo expulsaron del Monte de Dios fue porque ya no quería permanecer en el estado en que Dios lo creó, sino que aspiró a ser semejante al Altísimo, algo que estaba reservado de manera exclusiva para los humanos.

> ¡CÓMO CAÍSTE DEL CIELO, OH LUCERO, HIJO DE LA MAÑANA! CORTADO FUISTE POR TIERRA, TÚ QUE DEBILITABAS A LAS NACIONES. TÚ QUE DECÍAS EN TU CORAZÓN: SUBIRÉ AL CIELO; EN LO ALTO, JUNTO A LAS ESTRELLAS DE DIOS,

LEVANTARÉ MI TRONO, Y EN EL MONTE DEL TESTIMONIO ME SENTARÉ, A LOS LADOS DEL NORTE; SOBRE LAS ALTURAS DE LAS NUBES SUBIRÉ, Y SERÉ SEMEJANTE AL ALTÍSIMO. MAS TÚ DERRIBADO ERES HASTA EL SEOL, A LOS LADOS DEL ABISMO.

ISAÍAS 14:12-15

ASÍ HA DICHO JEHOVÁ EL SEÑOR: TÚ ERAS EL SELLO DE LA PERFECCIÓN, LLENO DE SABIDURÍA, Y ACABADO DE HERMOSURA. EN EDÉN, EN EL HUERTO DE DIOS ESTUVISTE; DE TODA PIEDRA PRECIOSA ERA TU VESTIDURA; DE CORNERINA, TOPACIO, JASPE, CRISÓLITO, BERILO Y ÓNICE; DE ZAFIRO, CARBUNCLO, ESMERALDA Y ORO; LOS PRIMORES DE TUS TAMBORILES Y FLAUTAS ESTUVIERON PREPARADOS PARA TI EN EL DÍA DE TU CREACIÓN. TÚ, QUERUBÍN GRANDE, PROTECTOR, YO TE PUSE EN EL SANTO MONTE DE DIOS, ALLÍ ESTUVISTE; EN MEDIO DE LAS PIEDRAS DE FUEGO TE PASEABAS. PERFECTO ERAS EN TODOS TUS CAMINOS DESDE EL DÍA QUE FUISTE CREADO, HASTA QUE SE HALLÓ EN TI MALDAD. A CAUSA DE LA MULTITUD DE TUS CONTRATACIONES FUISTE LLENO DE INIQUIDAD, Y PECASTE; POR LO QUE YO TE ECHÉ DEL MONTE DE DIOS, Y TE ARROJÉ DE ENTRE LAS PIEDRAS DEL FUEGO, OH QUERUBÍN PROTECTOR. SE ENALTECIÓ TU CORAZÓN A CAUSA DE TU HERMOSURA, CORROMPISTE TU SABIDURÍA A CAUSA DE TU ESPLENDOR; YO TE ARROJARÉ POR TIERRA.

EZEQUIEL 28:12-17

## IMAGEN Y SEMEJANZA DE LA DEIDAD

Ninguno de los seres espirituales creados antes que el hombre y la mujer, gozaba del estado de privilegio de ser semejantes al Altísimo. Desde antes de la fundación del mundo, Dios había abrigado la idea de llevar a cabo la creación de hijos formados a su semejanza. Por fin llegaba el momento en que se cumpliría ese sueño. El más extraordinario de todos los sueños de Dios: «Crear hijos terrenales diseñados a su imagen y hacerlos partícipes de la mayor gloria que podía otorgarse a ser alguno, después de la suya propia. Hijos creados a su imagen y semejanza. Hijos semejantes a ellos». ¿A ellos?

De modo que la ejecución de esta idea se llevó a cabo de la siguiente manera:

> ENTONCES DIJO DIOS: HAGAMOS AL HOMBRE A NUESTRA IMAGEN, CONFORME A NUESTRA SEMEJANZA [...] Y CREÓ DIOS AL HOMBRE A SU IMAGEN, A IMAGEN DE DIOS LO CREÓ; VARÓN Y HEMBRA LOS CREÓ. Y LOS BENDIJO DIOS, Y LES DIJO: FRUCTIFICAD Y MULTIPLICAOS.
> GÉNESIS 1:26-28

Después de crear la tierra y todas las cosas que en ella hay durante las primeras cinco etapas del espectacular proceso creativo, que la Biblia llama los primeros cinco días de la Creación, Dios esperó hasta el sexto día para crear al hombre. Es evidente que allí no terminaba todo, pues después que lo formó y le dio vida, declaró: «No es bueno que el hombre esté solo; le haré ayuda idónea» (Génesis 2:18). Había algo que todavía le faltaba al hombre para que lograra ser como ellos. ¿Ellos?

La Biblia relaciona el pensamiento de la creación con un trabajo y pensamiento de equipo. El texto expresa: «Dijo Dios: Hagamos al hombre a nuestra imagen, conforme a nuestra semejanza». Este «hagamos/nuestra» implica que había más de una persona en ese proceso creativo.

¿Quiénes podían ser los que participaron de la creación? No podían ser ángeles porque la Biblia revela con claridad que el único que tiene el poder de crear es Dios. Nadie más que Dios puede crear ni participar de este proceso. Todos los que aprendieron teología y conocen la Biblia, saben que fuera de Jehová Dios no hay un ser en el mundo ni en el universo lo bastante poderoso que tenga la capacidad de crear.

Dios creó y solo Él puede hacerlo, pues uno de los principales elementos que le da carácter de «Único Dios a nuestro Señor es su poder creativo. Por lo tanto, si utiliza el término «hagamos al hombre», deducimos en conclusión que los que estaban creando eran las tres personas de la Trinidad.

> En el principio era el Verbo, y el Verbo era con Dios, y el Verbo era Dios. Este era en el principio con Dios. Todas las cosas por él fueron hechas, y sin él nada de lo que ha sido hecho, fue hecho.
>
> JUAN 1:1-3

Todos sabemos que este Verbo del que habla el apóstol Juan en este pasaje es el Cristo preencarnado que, junto con la otra persona de la Trinidad, el Espíritu Santo, participó de la creación. Estos tres componen al único Dios verdadero y es una clara revelación de su naturaleza. Tres personas en una.

Sin embargo, no es tan difícil de entender cuando vemos el resultado de lo que se creó a su imagen y semejanza. Dios tomó a dos personas y las unió declarando sobre ellas que ya no serían dos, sino una.

> ¿No habéis leído que el que los hizo al principio, varón y hembra los hizo, y dijo: Por esto el hombre dejará padre y madre, y se unirá a su mujer, y los dos serán una sola carne? Así que no son ya más dos, sino una sola carne; por tanto, lo que Dios juntó, no lo separe el hombre.
>
> MATEO 19:4-6

## ¿En qué somos imagen y semejanza de Dios?

Veamos lo que nos dice la Biblia al respecto:

> Y creó Dios al hombre a su imagen, a imagen de Dios lo creó; varón y hembra los creó.
>
> GÉNESIS 1:27

Dios creó al hombre (singular) a imagen de Dios (singular) lo creó (singular). No obstante, tiene que terminar diciendo: «Varón y hembra los creó» (plural). ¿Por qué? Porque así como Dios es una composición de tres personas (plural) en una, del mismo modo el hombre (singular) es una composición plural de más de una persona en una.

Si a esto le añadimos el milagro de la concepción, donde un ser humano se gesta dentro de otro durante el embarazo cuando esa pareja, futuros padres, se unen en intimidad sexual, se manifiesta la maravilla divina de tres personas en una. ¡Gloria a Dios! La grandeza de la imagen y semejanza de Dios plasmada en un ser humano.

Quiere decir que la expresión «nuestra imagen» confirma que el hombre se creó según la imagen de varias personas en una. Esto significa que tienen que ser tan unidas entre sí como una sola persona. Esa es la naturaleza de Dios. Tres personas en una. Un solo Dios en tres personas. Y si la persona de Dios es indisoluble, también la persona del hombre unida a su mujer tiene que ser indisoluble. Esposo-Esposa-Hijos: La maravilla de la familia. Una unidad perfecta de manera física, emocional y espiritual.

Detengámonos un poco a revisar que existe una individualidad en el matrimonio. La mujer sigue siendo mujer y tiene su propia personalidad. El hombre sigue siendo hombre y tiene su propia personalidad. Aun así, la comunión matrimonial posee una grandeza que ninguno por sí solo puede lograr. Los dos aportan los dones y talentos que Dios y la naturaleza les han dado, a fin de hacer de nosotros algo superior a lo que seríamos por nosotros mismos en forma individual.

Si permitimos que Dios nos ayude a descubrir la maravilla de sus propósitos en vez de combatirnos, y nos esforzamos por utilizar nuestras diferencias para complementarnos el uno al otro, experimentaremos la vida en abundancia que Él les prometió a los que se sujetan a «su yugo».

## El átomo, una ilustración del poder de la unidad
Para poder mantener la unidad, la fuerza y el poder espiritual en el matrimonio, se requiere de un gran poder sobrenatural. Un ejemplo científico nos ayudará a ilustrar este postulado. Pensemos en el átomo. Esta es la menor unidad de un elemento

físico-químico que mantiene su identidad o sus propiedades. No es posible dividirlo mediante procesos químicos.

Es interesante saber que su nombre en griego [ατουον] significa «indivisible». Esto se debe a que esta unidad atómica está compuesta por un núcleo de partículas de carga positiva llamada protones, rodeado de una nube de partículas de carga negativa llamada electrones.

Ahora bien, si las cargas electromagnéticas positivas se repelen entre sí, ¿cómo es posible que el núcleo de un átomo se mantenga unido hasta el punto que su unidad sea indivisible? La respuesta es la nube de electrones que lo rodea. Esa fuerza de carga electromagnética negativa, que en tamaño es mucho mayor que el núcleo, ejerce una fuerza enorme sobre el núcleo y por esa razón se mantiene unido, aun cuando por propiedades naturales se supone que se repelan. ¡Qué maravilloso! ¿Verdad?

Sin duda alguna, Dios es como esa «nube electromagnética» mucho mayor y poderosa que nosotros, que nos rodea y nos protege de nosotros mismos. Dios es el que nos mantiene unidos, aun cuando por naturaleza nuestras cualidades de hombre y de mujer hagan que nos repelamos. Esa gloria que emana de Dios es la que nos mantiene íntimamente juntos en cuerpo, alma y espíritu. La fuerza que hace que el matrimonio a través de toda la vida sea una bendición, una «chulería» en términos puertorriqueños.

Por esa razón, para Dios es importante que esa relación subsista y que tenga éxito. Él anhela que aprendamos a amarnos de manera incondicional y que así nos mantengamos por el resto de la vida. No obstante, todos tenemos que asumir la responsabilidad de la posición que nos ha tocado vivir dentro del matrimonio y la familia. En el nombre de Dios podemos superar todas las dificultades que pueda presentarnos la vida, hasta donde esté nuestro alcance. Al final, Él dará testimonio de hasta qué punto fuimos leales en el desempeño de nuestro papel en la familia.

## Privilegio solo reservado para los humanos

A los ángeles no los diseñaron para compartir un cuerpo como nosotros, ni tienen la capacidad de reproducirse. No los crearon semejantes a Dios. Aunque por su naturaleza espiritual los hicieron un poco mayores que nosotros, cuando seamos redimidos de nuestra naturaleza caída seremos superiores a ellos en todo el sentido de la palabra. Quiere decir que el privilegio de que nos crearan a imagen y semejanza de Dios solo se reservó para nosotros, los humanos.

Este lugar de superioridad sobre todo lo creado nos lo dio Cristo con su redención expiatoria. Además, el Espíritu Santo vino a morar en nuestro interior, a sellar con broche de oro el estado del matrimonio, porque esta característica nos hace únicos en semejanza a Él.

La estructura social llamada familia tiene como núcleo el matrimonio. La espina dorsal de una sociedad es la familia, mientras que el corazón de la familia es el matrimonio. Por eso es que lo más importante que tiene un país que puede darle estabilidad y mucha prosperidad es esta unidad inquebrantable llamada familia. Esa es precisamente la intención de Dios. ¡El plan de Dios es simple, pero extraordinario!

Aunque la relación matrimonial no es consanguínea, la implicación de la intimidad sexual y la conversión en una sola carne se constituyen la unión más perfecta que existe en toda la creación. Es más perfecta que la unión de una madre con su hijo, porque esa relación materno-filial desde el principio del embarazo está destinada a la separación. Sin embargo, la unión matrimonial está diseñada para permanecer unida durante toda la vida.

Todo el orden familiar desde la perspectiva paterno-filial está destinada a que poco a poco se separe de manera física de los hijos, aunque se mantenga la relación emocional. No obstante, la relación matrimonial está diseñada para mantenerse intacta. Mientras más fuerte sea la comunión matrimonial, más circulará toda la familia a su alrededor, aunque ya sean adultos independientes.

Regresemos a la ilustración del átomo. Si este se obliga a romperse, la energía que desata es tan inmensa que se destruye todo lo que está a su alrededor. Esto es lo que se conoce como una bomba atómica. Entonces... ¿cómo algo tan pequeño como un átomo puede hacer tanto daño cuando se separan sus elementos?

La familia sufrirá el mismo fin debido a la rotura de los lazos matrimoniales. Como reacción en cadena, la familia se despedaza y la sociedad se corrompe poco a poco. Esto es lo que está viviendo la comunidad mundial. En la actualidad, el mundo está en caos y se está descomponiendo debido a la desintegración familiar. Todos tenemos la responsabilidad de detener esta tendencia. Hemos llegado a un punto fatal del cual difícilmente nos recuperaremos si los casados y los ministros del evangelio no tomamos posturas radicales para salvar y restaurar a la familia.

Tenemos que hacer guerra espiritual y discipular en abundancia para aprender a aplicar los principios de calidad de vida que enseñó y modeló Jesús. Nuestras agendas como iglesia tienen que dirigirse hacia eso. Es necesario abrir oficinas de consejería y terapia familiar. La educación y la formación en los hogares tienen que ir en la misma dirección. Tenemos que provocar que todos los programas dirigidos a la restauración social dediquen más tiempo, preparación y presupuesto a la prevención y restauración. La oración y la enseñanza de valores y principios de vida deben regresar a las escuelas. Nadie debería casarse sin tomar un curso completo de capacitación prematrimonial.

Dios está muy interesado en socorrer a cada matrimonio de sus crisis porque hasta cierto punto su reputación está involucrada. Él nos unió y nos dio su bendición para que le reflejáramos al mundo la grandeza de su amor incondicional que reina en la relación entre el Padre, el Hijo y el Espíritu Santo. El matrimonio se creó para que se mostrara la imagen del Dios celestial en el plano terrenal, así como para que pudiera mostrarse un reflejo de la grandeza del Dios invisible en su capacidad de amar dentro de una relación permanente. Nosotros también tenemos que ser una unión permanente para ser dignos de reflejar como en un espejo la gloria de Dios. Es como si lo que nuestros hijos no pueden ver de Dios sean capaces de percibirlo a través de nuestra unidad matrimonial. Solo así los hombres del mundo podrán concebirlo y entenderlo.

Cuando Cristo venga a reinar en gloria, restaurará todas las cosas como las diseñó desde el principio.

## LA META PRINCIPAL DEL DIABLO: LA DESTRUCCIÓN DE TODA RELACIÓN MATRIMONIAL

Satanás ha escogido de manera estratégica al matrimonio como su meta principal en este tiempo. No hay mayor logro para el mundo de las tinieblas que romper un matrimonio o convertirlo en una relación miserable. El diablo sabe que desintegrar la unión matrimonial es darle un golpe al corazón de Dios.

En mi libro *La mujer, el sello de la creación* expliqué que la principal enemiga de Satanás es la mujer. Es la que le da al hombre la capacidad de hacerse una sola carne con otra persona y, además, le da la capacidad de reproducirse. Por lo tanto, esa unión es poderosísima si entra bajo el control del Espíritu Santo (el yugo de Dios). Esto se debe a que la bendición que se produzca durante esa generación puede dejar un legado que alcance hasta la tercera y cuarta generación. Por el contrario, si Satanás logra sembrar su germen de corrupción, disensión y destrucción en una pareja, puede llegar de igual modo a multiplicar el daño hasta la tercera y cuarta generación. ¿Acaso no es esto lo que hemos visto en este siglo malo y perverso en que vivimos?

Cada matrimonio que se rompe distorsiona ante la sociedad la imagen de Dios que se había depositado en sus integrantes. Con cada familia que se desintegra, Satanás trata de menguar la gloria de Dios ante los ojos del mundo. Es muy estratégico, no anda azotando el aire. Planifica bien lo que va a hacer. Sabe que después de quebrar tu relación matrimonial puede «sentarse a descansar». Desde ese momento en adelante se desata el efecto dominó que sin ayuda se apodera de todo el ambiente familiar. Solo tiene que dañarle el corazón a uno, y lo demás viene por añadidura, a no ser que haya alguien dentro del hogar que sirva de muro de contención... De eso hablaremos más adelante.

Es lamentable que los jóvenes de hoy, y el mundo en general, los hayan decepcionado por la tasa de divorcios que abarca la comunidad en general, donde ni siquiera la iglesia es la excepción. Por causa de lo anterior es que el mundo secular y ateo acusa a Dios de haber fracasado. Es por eso que la oferta de la agenda homosexual se ha hecho cada vez más atractiva. Según ellos, el plan de la familia tradicional ha fracasado y, por tanto, Dios también.

Sin embargo... tú debes saber que la familia tradicional no ha fracasado. ¡De ninguna manera! En los últimos tiempos, están cambiando las cosas. Los hombres estamos despertando del sueño espiritual. Las mujeres están posicionándose con una autoridad espiritual sin precedentes sobre la base de la humildad. Una generación de jóvenes puros, mansos y poderosos en Dios se está levantando como saetas en manos de valientes. Todos juntos, cada cual aportando con la palabra de nuestro testimonio, estamos haciendo retroceder a las tinieblas. Por más densas que sean esas tinieblas, retrocederán. El próximo avivamiento que tocará la tierra se manifestará así:

> Él hará volver el corazón de los padres hacia los hijos, y el corazón de los hijos hacia los padres, no sea que yo venga y hiera la tierra con maldición.
>
> MALAQUÍAS 4:6

¿Cuántos dicen amén?

## ¿Qué dice el Nuevo Testamento sobre el divorcio?

También el Nuevo Testamento nos habla acerca del divorcio:

> También fue dicho: Cualquiera que repudie a su mujer, dele carta de divorcio. Pero yo os digo que el que repudia a su mujer, a no ser por causa de fornicación, hace que ella adultere; y el que se casa con la repudiada, comete adulterio.
>
> MATEO 5:31-32

Ya quedó bastante claro que este «fue dicho» se refiere a la ley de Moisés, que por la dureza del corazón de los hombres se le concedió dar carta de repudio. Queda claro que hasta en esos tiempos esta no era la voluntad de Dios. Sin embargo, por el pecado del corazón se les permitió divorciarse.

Ahora bien, este «pero yo os digo» significa que Jesús, en su autoridad como Hijo del Dios viviente y el Mesías, canceló la concesión de Moisés y decreta que es pecado volverse a casar si alguien se divorcia.

Desde ese momento, el divorcio no se reconoce en su Reino. Además, aclara que solo hay una excepción para divorciarse con respaldo de Dios y con permiso para volver a casarse. ¿Cuál? Él dijo: «A no ser por causa de fornicación».

En ocasiones, este punto ha traído algo de confusión porque algunos lo han interpretado como un pecado de solteros. No obstante, la definición de fornicación no está ligada al estado civil de la persona. Su definición es la siguiente: Relación sexual ilícita. Por consiguiente, tanto el soltero como el casado fornican. En otras palabras, si el soltero sostuvo relaciones sexuales con alguien sin casarse, eso es fornicar. Si el casado mantuvo relaciones sexuales con alguien fuera de su matrimonio, eso también es fornicar. ¿Un soltero puede adulterar? Sí. Cuando entra en romance con una persona casada, los dos adulteran. Ahora bien, mientras no haya una relación sexual no han fornicado aún. Ambos están en adulterio, pero no han llegado a fornicar.

### ⚭ Si el casado adulteró, no implica fornicación

El casado puede adulterar de muchas maneras sin fornicar, sin tener relaciones sexuales. La codicia lujuriosa del corazón por otra mujer, o por otro hombre, ¿acaso no es adulterio? El hacer acercamientos deshonestos a otra persona, ¿no es adulterio? Salir con otra persona y tener contactos físicos tales como besos y toques románticos, ¿no es adulterio? El ver pornografía y excitarse sexualmente a través de imágenes de cuerpos desnudos de otras personas fuera de tu cónyuge, ¿no es adulterio? Sin embargo, no se puede categorizar como fornicación, ya que no implicó una relación sexual física entre dos personas o más. No se juntaron en una sola carne.

En 1 Corintios 6.16-18 encontramos lo siguiente:

> ¿O NO SABÉIS QUE EL QUE SE UNE CON UNA RAMERA, ES UN CUERPO CON ELLA? PORQUE DICE: LOS DOS SERÁN UNA SOLA CARNE. PERO EL QUE SE UNE AL SEÑOR, UN ESPÍRITU ES CON ÉL. HUID DE LA FORNICACIÓN. CUALQUIER OTRO PECADO QUE EL HOMBRE COMETA, ESTÁ FUERA DEL CUERPO; MAS EL QUE FORNICA, CONTRA SU PROPIO CUERPO PECA.

Entonces, ¿en qué consiste el pecado de los que se divorcian y se casan de nuevo? Veamos:

> PERO YO OS DIGO QUE EL QUE REPUDIA A SU MUJER, A NO SER POR CAUSA DE FORNICACIÓN, HACE QUE ELLA ADULTERE; Y EL QUE SE CASA CON LA REPUDIADA, COMETE ADULTERIO.
>
> MATEO 5:32

## Causa que justifica el divorcio y aprueba un nuevo casamiento

El que repudia a su mujer, o sea, el que se divorcia de su mujer, a no ser por causa de fornicación, hace que si ella decide volver a casarse se le considere adúltera. Si la razón del divorcio no fue la fornicación sino cualquier otra causa, para Dios ella sigue casada, aunque esté legalmente divorciada. Por eso, si se casa de nuevo, comete adulterio con ese próximo marido, porque su matrimonio anterior no se ha disuelto en el Reino. Lo único que podía disolverlo es que su marido hubiera fornicado. Aclaro, no que haya adulterado, sino fornicado. De ahí que el que se casa con la repudiada también comete adulterio, porque se está casando con una mujer que todavía está ligada delante de Dios a otro hombre.

El pasaje anterior está escrito desde la perspectiva de una mujer repudiada. No obstante, en el Evangelio de Mateo se presenta el mismo decreto desde otra perspectiva y es el de la mujer del marido que repudió. Veamos:

> Y YO OS DIGO QUE CUALQUIERA QUE REPUDIA A SU MUJER, SALVO POR CAUSA DE FORNICACIÓN, Y SE CASA CON OTRA, ADULTERA; Y EL QUE SE CASA CON LA REPUDIADA, ADULTERA.
>
> MATEO 19:9

En conclusión, ambos pasajes bíblicos dictados por Jesús confirman fuera de toda duda que el nuevo casamiento después de un divorcio donde no medió fornicación, constituye un acto de adulterio. Los únicos que tienen el derecho a divorciarse y volver a casarse sin que se constituya en adulterio, son esos cuyos cónyuges se unieron sexualmente a otra persona, ya sea antes del divorcio o después.

Por lo tanto, si la razón del divorcio NO fue la fornicación, has quedado ligado a tu ex cónyuge. Además, en el momento que la persona se unió sexualmente a otra, quedaste libre. Es obvio que Jesús está estableciendo la indisolubilidad del matrimonio con mucha claridad: «No lo separe el hombre». Solo ofrece una excepción: la fornicación del cónyuge.

### ¿Me tengo que divorciar porque mi cónyuge fornicó?

Muy buena pregunta. La respuesta es «No». En realidad, no tienes que divorciarte. Debes entender que esto es un derecho que te concede Dios, pero que no necesariamente tienes que acogerte al mismo. Dicho sea de paso, creo que aun cuando haya ocurrido fornicación, toda persona que va a tomar la decisión de divorciarse o no, debería consultar a Dios. Si su cónyuge está profundamente arrepentido, confesó su error y pidió perdón rogándote que le concedieras una oportunidad, y después de haber orado con intensidad tienes paz en tu corazón de mantener la relación, atrévete. Mi consejo es que pasen por una etapa de restauración, donde un consejero pastoral o matrimonial experimentado los guíe en el proceso.

La voluntad de Dios siempre es la restauración. Para Dios no hay nada imposible. La razón detrás de esta determinación sobre el matrimonio responde a lo que significa el matrimonio para Dios. Responde a la naturaleza espiritual de la relación, a la necesidad de ofrecerles estabilidad a los niños para que conozcan a Dios. Por eso, toda relación matrimonial en crisis tiene que pasar por un proceso de restauración, discipulado, sanidad y terapia, pero la opción del divorcio no es negociable para Dios.

Ahora bien, también es necesario indicar que si tu deseo es divorciarte porque piensas que no vas a poder confiar de nuevo en tu cónyuge, no pecas si procedes y después restauras tu vida con otra persona. La fornicación es parecida a la muerte de tu cónyuge, te libera del pacto y te concede proyectarte al futuro con otra persona.

Te aconsejo que no tomes a la ligera esta decisión. No la adoptes como una dirección automática, si ese fuera el caso de tu cónyuge. ¿Por qué? Porque siempre es imprescindible conocer la voluntad de Dios en todas las circunstancias de nuestra vida. También es sabio considerar cuáles pueden ser las consecuencias de esta determinación en la vida de los hijos, si es que los tienes. Además, se deben evaluar los frutos de arrepentimiento del que violó el pacto. Siempre busca la asesoría de consejeros matrimoniales espirituales que te aconsejen basados en la sabiduría de la Palabra y el Espíritu Santo.

Si te estás preguntando si he apoyado a alguien que ha tomado la decisión de divorciarse, la respuesta es «Sí». Después de haber visto todos los aspectos importantes de esa decisión y evaluar los frutos de la parte transgresora de la pareja, he llegado a la conclusión que lo más recomendable es el divorcio, y por eso he respaldado la decisión de divorciarse que tomó la persona que vino a buscar asesoría. De igual manera, he llegado a la conclusión por todos los elementos evaluados que se le debe dar una oportunidad de restauración al matrimonio. Aun así, como sabrás, cada caso es una situación muy específica y hay que manejarlo y pesarlo según sus propios méritos.

## Si mi cónyuge resultó ser un «fiasco», ¿tengo que quedarme a su lado?

El pacto matrimonial es para toda la vida. Dios decidió amarnos cuando todavía nosotros no le amábamos. Logró seducirnos hasta que nos rendimos a Él. Dios querrá hacer lo mismo con tu cónyuge porque para Él no hay nada imposible. Solo que ahora lo quiere hacer a través de ti.

«Y si mi esposa resultó defectuosa y descubrí que no es mi "alma gemela", ¿tengo que quedarme con ella?». Más o menos esas fueron las mismas preguntas que los discípulos le hicieron a Jesús.

> LE DIJERON SUS DISCÍPULOS: SI ASÍ ES LA CONDICIÓN DEL HOMBRE CON SU MUJER, NO CONVIENE CASARSE. ENTONCES ÉL LES DIJO: NO TODOS SON CAPACES DE RECIBIR ESTO, SINO AQUELLOS A QUIENES ES DADO.
>
> MATEO 19:10-11

En otras palabras, quizá se diga: «Señor, si no tengo opciones, ya que el matrimonio es indisoluble, mejor no me arriesgo, ¿pues qué pasaría si me equivoco? ¿Tendría que cargar con esa cruz hasta la muerte?».

La respuesta de Jesús parece ser: «No todos pueden asumir ese grado de compromiso; no todos están preparados para el matrimonio. Por otro lado, no es bueno que el hombre esté solo. Por lo tanto, no todos pueden soportar estar sin compañera». Así que... al parecer, estamos entre la espada y la pared. Mejor que nos dispongamos a madurar, a buscar a Dios y a crecer a la estatura de Jesús, a fin de aprender a amar de manera incondicional a una sola mujer, o a un solo hombre, por el resto de nuestra vida... ¡en el poder de su fuerza!

La Palabra de Dios es viva y eficaz y tiene el poder para transformar nuestra manera de pensar y de sentir. De manera que aun los que habían dejado de amar, deciden amar por dirección divina y de nuevo les sobrecogen los sentimientos desaparecidos que tanto habían echado de menos. El Espíritu Santo nos enseña a amar de manera que podamos cumplir con nuestro deber conyugal: «Suplir todas las necesidades de mi cónyuge sin medir cuán bien lo está haciendo».

Tal vez me digas: «¡Pero Rey, el matrimonio es una relación bilateral, ambos tenemos que hacer la parte que nos corresponde!». Es muy cierto, así lo enseña la Palabra:

### ¡SOY FANÁTICO DEL DISEÑO ORIGINAL!

> EL MARIDO CUMPLA CON LA MUJER EL DEBER CONYUGAL, Y ASIMISMO LA MUJER CON EL MARIDO.
>
> 1 CORINTIOS 7:3

## ASUMAMOS LA RESPONSABILIDAD QUE NOS TOCA SIN MEDIR AL OTRO

La razón por la que tenemos que asumir nuestra parte, sin mirar el desempeño del otro, es porque si pesamos las incoherencias de nuestro cónyuge en su esfuerzo por modificar comportamientos que nos desagradan, nos vamos a desanimar y dejaremos de cumplir con nuestros deberes. Entonces, si tu cónyuge hace lo mismo, se desanimará al ver tus incoherencias. Ambos estarán juzgándose, midiendo la eficiencia del otro, y eso no va a ayudar al proceso.

Tenemos que esforzarnos por hacerlo bien al cien por cien, aunque la otra parte esté al cincuenta por ciento. O lo que es peor, esté en el comienzo de cambios correctivos. ¡Cómo duele! Sí, es cierto, duele, pero dolerá en la carne solo porque cuando busques fuerzas en Dios y te mantengas dando tu cien por cien, su poder vendrá sobre ti y te arropará su gracia para que no desmayes ni te canses. Él te honrará así como tú lo estás honrando a Él. Créeme, te lo digo por experiencia... Te sentirás tan gozoso por la bendición de Dios derramada sobre ti que poco te importará saber en qué parte del proceso va tu cónyuge.

Hay quienes viven hoy en día en segundas nupcias y se están preguntando: «¿Quiere decir que estoy viviendo en adulterio porque me divorcié por otros motivos que no fueron fornicación? ¿Qué hago? ¿Estará mi futuro condenado?». ¡NO! La Palabra nos da una respuesta a esta disyuntiva en 1 Corintios. No te preocupes. Espera a que lleguemos al capítulo donde discutiremos estas excepciones en detalle. Mientras tanto, continúa abriendo tu corazón al Señor y a su Palabra, de modo que al poner este libro en tus manos se cumpla su propósito.

## capítulo 4

# ¡LE DARÉ UNA AYUDA IDÓNEA!

«Pastor, si Dios prometió darle una ayuda idónea a todo hombre, ¿por qué no me tocó una a mí?»

Esto que vas a leer está «grueso», así es que «me curo en salud» repitiendo: «El que tiene oídos para oír, oiga».

¿Quién dijo que Dios le daría una ayuda idónea a todo hombre? ¿Dónde está escrita esa supuesta promesa? La verdad es que Dios no le da una ayuda idónea a ningún hombre. ¡Sí, leíste bien, eso dije! Dios no le da una ayuda idónea hecha a la «imagen y semejanza» de cada hombre. Te voy a explicar el porqué, y para eso tenemos que juntar ambos testamentos bíblicos a fin de poder entenderlo.

En el Antiguo Testamento, Dios dijo que le daría una ayuda idónea a Adán. A este fue al único que Dios le prometió tal cosa.

Él no escogió a Eva, sino que Dios lo hizo entrar en un sueño profundo, tomó una de sus costillas y la creó de esa materia. Cuando despertó, se encontró con esa maravilla de mujer creada y preparada para ser su ayuda idónea. Adán quedó en estado de choque y se enamoró a primera vista. Sin embargo, ella fue la fuente de tentación para Adán cuando lo indujo a comer del fruto. ¿Qué pudo haber pasado? Si era su «ayuda idónea», ¿por qué se comportó así? Cualquier respuesta podría ser especulativa. De todos modos, creo que el Nuevo Testamento podría arrojar luz sobre el asunto.

## CÓMO DEBES AMAR A TU ESPOSA

En el Nuevo Testamento, la doctrina de Dios exige que los hombres aprendamos a amar a nuestras esposas como Jesús amó a la Iglesia. Veamos:

> MARIDOS, AMAD A VUESTRAS MUJERES, ASÍ COMO CRISTO AMÓ A LA IGLESIA, Y SE ENTREGÓ A SÍ MISMO POR ELLA, PARA SANTIFICARLA, HABIÉNDOLA PURIFICADO EN EL LAVAMIENTO DEL AGUA POR LA PALABRA, A FIN DE PRESENTÁRSELA A SÍ MISMO, UNA IGLESIA GLORIOSA, QUE NO TUVIESE MANCHA NI ARRUGA NI COSA SEMEJANTE, SINO QUE FUESE SANTA Y SIN MANCHA. ASÍ TAMBIÉN LOS MARIDOS DEBEN AMAR A SUS MUJERES COMO A SUS MISMOS CUERPOS. EL QUE AMA A SU MUJER, A SÍ MISMO SE AMA. PORQUE NADIE ABORRECIÓ JAMÁS A SU PROPIA CARNE, SINO QUE LA SUSTENTA Y LA CUIDA, COMO TAMBIÉN CRISTO A LA IGLESIA.
>
> EFESIOS 5:25-29

Este es el análisis de este pasaje: «Maridos, amad, como Cristo amó a la iglesia».

Ese es el estándar. Tengo que aprender a amar a mi esposa como Jesús amó a la Iglesia. Esa es la voluntad de Dios que golpea mi conciencia todos los días de rutina matrimonial, sobre todo, los días que no me siento romántico ni espiritual. Quienes hemos pecado (que somos todos), que todavía tenemos nuestros pies sobre la tierra y que tenemos carnalidades que se manifiestan en nuestro carácter, nos enfrentamos a muchas tendencias que no suplen las necesidades de nuestro cónyuge. Este mandamiento de Dios golpea la conciencia del hombre que a pesar de sus debilidades es sensible a la Palabra.

Por eso, el hombre de Dios lleva a rastras sus pensamientos y sentimientos para hacer lo que no siente ni quiere con tal de obedecer a nuestra autoridad mayor, el Señor Jesucristo. Hacemos lo que tenemos que hacer porque así es que actúan los hombres de Dios que aman la Palabra. No nos dejamos llevar por sentimientos, sino que actuamos por sabiduría y por lo que es apropiado. Una vez que hemos caminado por un tiempo con el «yugo de Dios» bien puesto, entonces disfrutamos de los resultados de haber obedecido.

> PUES AUNQUE ANDAMOS EN LA CARNE, NO MILITAMOS SEGÚN LA CARNE; PORQUE LAS ARMAS DE NUESTRA MILICIA NO SON CARNALES, SINO PODEROSAS EN DIOS PARA LA DESTRUCCIÓN DE FORTALEZAS, DERRIBANDO ARGUMENTOS Y TODA ALTIVEZ QUE SE LEVANTA CONTRA EL CONOCIMIENTO DE DIOS, Y LLEVANDO CAUTIVO TODO PENSAMIENTO A LA OBEDIENCIA A CRISTO.
>
> 2 CORINTIOS 10:3-5

Ahora bien, ¿qué es amar a nuestra mujer como Cristo amó a la Iglesia? La Biblia no deja esta pregunta sin respuesta. Explica muy bien cómo Cristo amó de esta manera:

### «Se entregó»
El diccionario expresa las siguientes definiciones para la palabra «entregar»: «Recibir realmente algo y encargarse de ello [...] Hacerse cargo de alguien o algo [...] Dedicarse enteramente a algo, emplearse en ello [...] Morir»[4]. Según estas definiciones, llegamos a las siguientes conclusiones de lo que es amar como Cristo:

- «Recibir de manera real y genuina a su esposa».
- «Encargarse de todas sus necesidades».
- «Hacerse cargo de ella hasta cautivarla por completo».
- «Dedicarse por entero a ella».
- «Estar dispuesto a morir por ella».

A decir verdad, esto significa entregarse en amor por una mujer.

No hay duda que amar así resolvería los problemas de todas las esposas del mundo. No se escucharían quejas de ningún tipo sobre el asunto. No habría necesidad de ministerios como el mío. Solo haría falta disciplinar a los que se van a casar. Sin embargo, todos sabemos que esta no es la realidad.

Es obvio que no sabemos amar así. No se educa a los hombres para que aprendan a velar por sus actitudes después de casados. ¿Por qué después de casados? Porque la necesidad que tenemos de la compañía de una mujer y de unirnos sexualmente a ella nos lleva a ser cariñosos, amorosos y darle todos los cuidados y atenciones que necesitan. Por eso se enamoran de nosotros. Entonces, después se preguntan: «¿Qué pasó? ¿Dónde está el hombre que cautivó mi corazón?». El problema surge justo después de casados.

Cuando el hombre resuelve sus necesidades (las mencionadas en el párrafo anterior), se olvida con facilidad que ella continúa teniendo las mismas necesidades que cuando eran novios. Como el hombre se siente satisfecho, realizado y sus necesidades más apremiantes están resueltas, tiende a descuidar las necesidades de su esposa. Por eso tiene que tener una fuerza superior a él que lo dirija a cumplir con el deber conyugal de agradar a su mujer. En cuanto a mandamientos, el estándar que estableció Dios es bastante alto: «Como Cristo amó a la Iglesia».

### «Para santificarla»
El diccionario define la palabra «santificar» de esta manera: «Reconocer a quien es santo, honrándolo y sirviéndolo como a tal»[5]. La palabra «santo» significa «separado». En términos

prácticos, lo que Cristo hizo con la Iglesia fue separarla para perfeccionarla. Quiere decir que aunque la Iglesia no era santa ni perfecta, para empezar Cristo la trató como si lo fuera. Todo el que quiere transformar a alguien comienza a tratarlo a la altura de donde lo quiere llevar. Cristo la amó santificándola, haciéndola sentir como si fuera «santa, única y especial», separada de entre todas las cosas maravillosas del mundo, solo para Él.

Cuando en el matrimonio utilizamos estos mismos principios de vida y entendemos que a través del amor Dios nos dio la capacidad de transformar al ser amado en quien queremos influir para que cambie, veremos transformaciones maravillosas. El precio es alto porque el principio implica tener que tratar a la otra persona «como si fuera, pero todavía no lo es».

En el proceso, no obtendrás resultados inmediatos. Este es el ejercicio de la paciencia donde, el que siembra, espera y cree que está moldeando el carácter del otro. La estrategia ganadora es ser ejemplo y el amor que acepta a los demás como son hasta lograr los cambios esperados.

## «Habiéndola purificado»

Como resultado del amor incondicional inmerecido que la Iglesia recibió de su Amado, se alejó y separó de las seducciones de este mundo para guardarse pura hasta la segunda venida de Cristo.

¿Acaso no ocurre lo mismo cuando a una mujer la aman así a pesar de sus defectos? No teme que la repudien. Aprende a crecer y madurar en un ambiente de amor, aceptación y perdón, sin sentirse amenazada por un posible abandono. Florece y despide el mejor de sus aromas, refiriéndome a sus encantos de mujer. Se guarda para ese hombre y no hay espacio en su corazón para nadie más. Es más, aunque él haya perdido algunos de sus mejores atributos, lo amará con pasión.

Es muy difícil que una mujer amada a este nivel ceda ante algún hombre seductor. Los hombres que son «depredadores sexuales» en los lugares de trabajo, son muy sagaces. Tienen un radar para detectar mujeres heridas, entristecidas y secas por la pobre relación de amor y los descuidos de sus esposos. Comienzan a hacerlas sentir especiales y únicas con sus tratos, servicios y atenciones. ¿A quién le amarga un dulce? Pocas se resisten a sentirse «santificadas» por un hombre, pero las que tienen una fuerte relación con Dios o las que están rodeadas por el amor sacrificial de sus esposos, pueden espantar con mucha facilidad a esas sabandijas que lo único que quieren es aprovecharse de sus heridas. ¡¡Huy!! Perdón.

Si no hemos disfrutado del aroma de una mujer enamorada, tal vez sea porque no se sienta segura de cuánto la amamos. Una de las virtudes de las mujeres enamoradas y satisfechas es que despiden un aroma que llena todo el hogar de vida, alegría y placer al hombre que la alimenta.

### ꙮ «A fin de presentársela a sí mismo»

Cristo se preparó para sí mismo una Iglesia tal como la quería. Aquí está la clave de esta enseñanza. Todo este asunto del amor incondicional tiene como propósito «presentármela a mí mismo».

En otras palabras, ¡el esposo es el que se prepara para sí mismo una ayuda idónea! Por lo tanto, si juntamos toda la revelación bíblica, descubriremos que Dios no nos da una ayuda idónea, pero sí le da a todo hombre una mujer con la capacidad de convertirse en su ayuda idónea. Sin embargo, no depende de Dios el convertirla en tal, sino de nosotros, dependiendo de cuánto la amemos. El amor incondicional de un esposo, expresado en los términos de la manera en que Cristo se entregó por la Iglesia, hace que ella se convierta en la ayuda idónea perfecta que necesita.

Esto confirma que los hombres tenemos el llamado de Dios para asumir la iniciativa y que las mujeres respondan a nuestro trato. Cada hombre tendría la mujer perfecta, hecha a su medida y como anillo a su dedo, si se dedicara a estudiar a su esposa para suplir todas sus necesidades. Ese estudio concienzudo lo haría descubrir cómo sacar lo mejor de ella entrando a su corazón a través del lenguaje de amor específico de su mujer.

### «Una iglesia gloriosa»

Una mujer amada con esos cuidados especiales puede convertirse en un ser glorioso. En ellas hay un potencial tan grande para cubrir, cuidar, suplir, multiplicar y alegrar la vida de un hombre que lo haría experimentar una sensación extraña, pero agradable. Todo esto se debe a que tener una esposa es haber hallado el bien y alcanzado la benevolencia de Jehová. Es como si Dios mismo estuviera llenando nuestros hogares y paseándose por allí a través de la maravillosa gracia que despide una mujer que se siente plena por el amor de su esposo.

### «Que no tuviese mancha ni arruga»

Las mujeres amadas así, por lo general, son mujeres hermosas. Tienden a cuidarse mucho más que las demás porque su autoestima es más saludable. En respuesta al amor de sus esposos quieren serles agradables en cuerpo, alma y espíritu. Los hombres se deleitan en ellas a través de toda la vida, pues aunque ya tengan algunas señales de vejez, todavía son hermosas por la manera en que se cuidan, visten y proyectan. Las mujeres amadas así maduran con elegancia y gracia. Se esfuerzan más por complacer a sus esposos. Incluso, son más intensas y complacientes en lo sexual, porque han soltado todas sus reservas e inseguridades naturales de mujer para corresponder a la pasión que sus esposos vierten sobre ellas.

Una mujer así tiene un alto precio... ¿Quién estaría dispuesto a pagarlo?

### «Santa y sin mancha»

Uno de los mayores tesoros que existe en la vida según la Biblia es tener «un corazón puro». Una mujer amada así desarrollará uno de los corazones más puros que existen. El amor incondicional sana en las tres dimensiones de un ser humano: Cuerpo, alma y espíritu.

En el libro de Proverbios se nos dice:

> Hijo mío, está atento a mis palabras; inclina tu oído a mis razones. No se aparten de tus ojos;

> GUÁRDALAS EN MEDIO DE TU CORAZÓN; PORQUE SON VIDA A LOS QUE LAS HALLAN, Y MEDICINA A TODO SU CUERPO. SOBRE TODA COSA GUARDADA, GUARDA TU CORAZÓN; PORQUE DE ÉL MANA LA VIDA.
>
> PROVERBIOS 4:20-23

Tener a una esposa de corazón puro es un tesoro que te ayudará a sobrevivir en tiempos de tempestades. Cuando necesites una palabra de sabiduría que te salve de desviarte de tu camino, que te preserve en tiempos peligrosos y te evite tropezar por malas decisiones, tu esposa te la ofrecerá con firmeza debido al corazón puro que posee. Será como un muro de contención que no permitirá que ninguna crisis te derrumbe.

Cuando un esposo ama y cuida a su mujer, esta desarrolla una sabiduría sanadora, reconciliadora, perdonadora y de carácter manso y humilde. Será una fuente de consejos y de consuelo para el hombre que ha sembrado en ella.

Nunca se enconará contra tus enemigos, sino que te dará estrategias divinas para resolver o soportar las desavenencias de la gente que te rodea. Su sabiduría y fortaleza te ayudarán a enfrentar a tus enemigos para que nunca muerdas el anzuelo de la amargura. Y si esta te tocare y te quitare visibilidad, la sabiduría de una mujer de Dios te guiará por el camino para salir de ese valle de sombra.

> Y LLAMANDO A SÍ A LA MULTITUD, LES DIJO: OÍD, Y ENTENDED: NO LO QUE ENTRA EN LA BOCA CONTAMINA AL HOMBRE; MAS LO QUE SALE DE LA BOCA, ESTO CONTAMINA AL HOMBRE. ENTONCES ACERCÁNDOSE SUS DISCÍPULOS, LE DIJERON: ¿SABES QUE LOS FARISEOS SE OFENDIERON CUANDO OYERON ESTA PALABRA? PERO RESPONDIENDO ÉL, DIJO: TODA PLANTA QUE NO PLANTÓ MI PADRE CELESTIAL, SERÁ DESARRAIGADA. DEJADLOS; SON CIEGOS GUÍAS DE CIEGOS; Y SI EL CIEGO GUIARE AL CIEGO, AMBOS CAERÁN EN EL HOYO. RESPONDIENDO PEDRO, LE DIJO: EXPLÍCANOS ESTA PARÁBOLA. JESÚS DIJO: ¿TAMBIÉN VOSOTROS SOIS AÚN SIN ENTENDIMIENTO?

> ¿No entendéis que todo lo que entra en la boca va al vientre, y es echado en la letrina? Pero lo que sale de la boca, del corazón sale; y esto contamina al hombre. Porque del corazón salen los malos pensamientos, los homicidios, los adulterios, las fornicaciones, los hurtos, los falsos testimonios, las blasfemias. Estas cosas son las que contaminan al hombre; pero el comer con las manos sin lavar no contamina al hombre.
>
> MATEO 15:10-20

En conclusión, la vida espiritual de una mujer amada se fortalece, y eso la capacitará para ayudarte a amortiguar los golpes de la vida. Será tu «entrenadora» personal que te dirá a cada momento lo que eres capaz de lograr. Siempre creerá en ti, pues al hombre capaz de amar a su esposa como Cristo amó a la Iglesia, nada le será imposible.

### 🍃 «Así también los maridos deben amar a sus mujeres»

Este «así también» quiere decir: De esa manera tenemos que aprender a amar a nuestras esposas. ¡Casi nada! ¡Sencillo!

Luego de leer esto, queda en mí la sensación y la necesidad de nacer de nuevo para convertirme en otro hombre que pueda amar de esa manera. Precisamente eso fue lo que Jesús nos dijo en el Evangelio de Juan:

> Respondió Jesús: De cierto, de cierto te digo, que el que no naciere de agua y del Espíritu, no puede entrar en el reino de Dios. Lo que es nacido de la carne, carne es; y lo que es nacido del Espíritu, espíritu es. No te maravilles de que te dije: Os es necesario nacer de nuevo.
>
> JUAN 3:5-7

Sin Dios es imposible amar así. Por lo tanto, ¡voy a hacer todo lo que sea necesario para lograrlo! Buscaré a Dios, ¡pues todo lo puedo en Cristo que me fortalece!

### «El que ama a su mujer, a sí mismo se ama»

Son tantos los beneficios que tiene que nos sometamos a este yugo de Dios, que no hacerlo es no amarse lo suficiente. Si lo antes expuesto corresponde a todas las bendiciones que alcanzan los que aman a este nivel, no hacerlo es como condenarse uno mismo. Solo alguien que no se ama se negaría a levantarse y esforzarse por ganar el premio. Solo los engreídos y los orgullosos se mantendrían sentados esperando a que le sirvan y que alguien se esfuerce en su lugar.

Basado en mi experiencia, he visto muchísimos hombres que se enojaron con sus esposas y cayeron en un estado de rebelión que iba en contra de ellas. Esa condición los hace quedar presos de la infelicidad, hasta el punto que no se soportan ni a sí mismos. La vida les «apesta». Todas las personas de la familia pierden atractivo y ya nada tiene sentido para ellos.

No quieren acercarse y reconciliarse, pero de manera inconsciente están desesperados por volver con ellas. Siempre están de mal humor por lo mucho que las necesitan, pero cuando las tienen cerca, se vuelven groseros. Son infelices, y por eso dejan de disfrutar con el resto de la familia. Hasta parecen desconectados de sus propios hijos. Incluso algunos se descuidan en su aseo personal porque se deprimen y ya no rinden con eficiencia en sus trabajos. Todos se dan cuenta que algo terrible les está pasando.

La razón es que dejaron de amar a sus esposas. Y podemos asegurar que la Palabra se cumple en verdad: «El que ama a su mujer, a sí mismo se ama». Si invertimos esta afirmación, podemos concluir diciendo que «el que no ama a su mujer, tampoco se ama a sí mismo». Eso responde al porqué tantos hombres dejan de amar de forma automática todo lo que les rodea, incluyéndose a sí mismos, cuando dejan de amar a sus esposas. Dejar de amar a su mujer es como suicidarse desde el punto de vista emocional y espiritual.

> PORQUE NADIE ABORRECIÓ JAMÁS A SU PROPIA CARNE, SINO QUE LA SUSTENTA Y LA CUIDA, COMO TAMBIÉN CRISTO A LA IGLESIA, PORQUE SOMOS MIEMBROS DE

su cuerpo, de su carne y de sus huesos. Por esto dejará el hombre a su padre y a su madre, y se unirá a su mujer, y los dos serán una sola carne. Grande es este misterio; mas yo digo esto respecto de Cristo y de la iglesia. Por lo demás, cada uno de vosotros ame también a su mujer como a sí mismo.

EFESIOS 5:29-33

## Si oré y Dios me lo confirmó, ¿por qué me salió mal?

Si creíste que debido a que Dios te lo confirmó te casabas con tu ayuda idónea, lamentablemente te equivocaste. Si creíste que como tu relación era espiritual y dio frutos durante el noviazgo te habías casado con una persona de una estatura «parecida a Cristo», pues te equivocaste. Dios te confirmó y te bendijo, pero Él sabía muy bien que te casabas con una persona en proceso de transformación. Cuando Dios te lo confirmó, lo hizo porque sabía que tú tenías la capacidad de soportar lo necesario hasta que tu pareja creciera y madurara.

Dios nunca nos dará una prueba que no podamos soportar. Él usó esta relación para enseñarte a ser un canal de bendición para que la otra persona se transformara. Aunque haya sido Dios el que te unió, Él nunca prometió entregarte «su perfecta obra de arte» para que saciaras todas tus necesidades. Con todo, Él sí espera que te dispongas a formarla y moldearla hasta convertirla en una ayuda idónea mediante el amor incondicional y el modelado.

El modelado significa que debemos «educar» a nuestro cónyuge a través del ejemplo. Todo lo que quiero obtener, lo tengo que dar primero. La forma más eficaz de transformar la vida de los que te rodean es enseñándoles mediante tu estilo de vida las cosas que quisieras ver en ellos. Puedes hacerles observaciones con humildad al utilizar justo las actitudes que observan en ti.

Ten siempre presente este consejo. Yo mismo tengo que recordarlo muy a menudo: A ningún hombre ni a ninguna mujer se le moldea a fuerza de golpes. A ninguna persona se le puede moldear a fuerza de críticas y reproches. Los que se dejan moldear y crecen con rapidez son las personas que se aceptan y aman tal como son de manera incondicional. Son las personas a las que se estimulan sin cesar al amor y a las buenas obras mediante el ejemplo que reciben a cada momento.

Cada vez que me hallaba sin fuerzas para dar lo que mi carne se negaba a dar, iba a la presencia de Dios en oración para pedir inspiración, ánimo, deseos, amor, etc. La mayoría de las veces no sentía nada, no recibía nada de lo que había pedido, sino solo la convicción de que lo debía hacer. Tenía que obedecer a Dios, negarme a mí mismo y «cantar a capella». Después que actuaba en fe y hacía lo que no sentía hacer, venía una unción de Dios sobre mí, un aire de alegría, de libertad, de satisfacción, que me animaba a continuar.

## ¿QUÉ ES ESO DE «ALMA GEMELA»?

Esta doctrina tiene su origen en el infierno mismo. Esta enseñanza se creó por la concupiscencia de esos predicadores modernos llamados bíblicamente «apóstatas» que quieren satisfacer la fantasía de tener una mujer nueva y, a la larga, tener más de una esposa. Esto ha traído maldiciones sobre muchas familias e iglesias donde, por ignorancia, le han permitido la entrada. Los que se han dejado encantar por las palabras lisonjeras de los seductores del evangelio.

Esta doctrina reclama que Dios separó en la eternidad a una persona que es la ideal, perfecta e idónea, diseñada por Él mismo para satisfacer todas tus necesidades. Es la persona con la que te remontarás a las alturas de la revelación de Dios, junto con la cual Satanás no te podrá hacer frente. ¡Vaya, qué hermoso! ¿Verdad? Como dirían algunos: «Demasiado bueno para ser cierto». Todo lo que he enseñado hasta aquí destruye, en esencia, la doctrina del «alma gemela». Este engaño religioso justifica el divorcio y el volverse a casar hasta encontrar esa alma gemela. Enseña que Dios preparó con antelación a una sola persona para ti, y si no la has encontrado, Él comprenderá tu equivocación y te dará la oportunidad de hacerlo mejor la próxima vez. El asunto es que algunos se han equivocado varias veces.

Además, lo que empieza mal, siempre termina mal, a no ser que vayamos a la cruz de Cristo para arrepentirnos, humillarnos y buscar restauración.

## Si lo que ayer era bueno hoy es malo, ¿qué pudo haber pasado?

Muchos han tenido la sensación de que los engañaron porque la verdad de la persona con la que se casaron estaba escondida, y ahora que «lo amarraron al casamiento», salió toda la verdad a la luz. ¿Qué pudo haber pasado? Quizá sea cierto que le escondieran muy bien la verdad y la persona lograra disimular lo que era en realidad, pero esa no es la única posibilidad.

La lógica me dice que lo que ocurrió fue que tú te metiste en el medio. ¡Huy! Otra vez, ¡perdón! No ocurre siempre, pero en mi experiencia, la mayoría de los casos en los que las personas dejan de ser lo que eran fue producto del maltrato y la soledad, el desprecio, la falta de afirmación y de agradecimiento dentro del matrimonio. Aunque parezca duro, tómalo en consideración.

Cuando yo estaba atravesando uno de esos arranques de rebeldía por la desilusión que sentía hacia mi esposa, algunos de los pensamientos que me venían a la cabeza eran que ella ya no era igual, que había cambiado. Le doy gracias a Dios que por lo menos dentro de mis actitudes necias y carnales practicaba la oración para desahogar mi dolor. ¡Cuántas grandes sorpresas me llevé cuando el Espíritu Santo lograba «colarse» en mi turbado corazón y de alguna manera me decía: «Si ella ha cambiado es por tu forma de tratarla! Exiges respeto y se te olvida que eso viene en respuesta a la honra. Si ella asumió ese comportamiento, es porque no hay un buen líder en su casa. Ella necesita alguien que sea un modelo para su vida. Lo que está ocurriendo es el resultado de una pobre vida espiritual que hay en el hogar del cual tú tienes la responsabilidad. Tú me buscas y te lo aplaudo, pero no la pastoreas a ella», etc. ¡Ay! Mejor dicho, ¡amén! Gracias, Señor, por hablarme.

Esa represión del Señor me ayudó a reconocer que yo tenía la responsabilidad de producir lo que esperaba de mi esposa, asumiendo el papel que me correspondía. De igual manera, las mujeres pueden ser de gran influencia transformadora para sus esposos. Si en lugar de pelear con fuerzas y argumentos humanos decidieran buscar el rostro del Señor, recibirían de Él el consejo que las sacaría victoriosas y con la meta cumplida.

Una buena relación con Dios nos hace ser más afables, más mansos, más tolerantes, más humildes y misericordiosos. Sobre todo, nos abre un canal de entendimiento y sabiduría. Una buena relación con Dios nos capacita para escuchar esa voz interna del Espíritu Santo que nos dará las estrategias para que «Yo y mi casa sirvamos a Jehová» en un espíritu de verdadera armonía.

# capítulo 5

# REGLAS DEL JUEGO SEXUAL Y RELACIONAL

En este capítulo analizaremos los privilegios del matrimonio y cómo la bendición de Dios es capaz de enriquecer la vida de los cónyuges. Antes, veamos las reglas que establece la Palabra de Dios:

> EL MARIDO CUMPLA CON LA MUJER EL DEBER CONYU-
> GAL, Y ASIMISMO LA MUJER CON EL MARIDO. LA MUJER
> NO TIENE POTESTAD SOBRE SU PROPIO CUERPO, SINO
> EL MARIDO; NI TAMPOCO TIENE EL MARIDO POTES-
> TAD SOBRE SU PROPIO CUERPO, SINO LA MUJER. NO
> OS NEGUÉIS EL UNO AL OTRO, A NO SER POR ALGÚN
> TIEMPO DE MUTUO CONSENTIMIENTO, PARA OCUPAROS

> SOSEGADAMENTE EN LA ORACIÓN; Y VOLVED A JUNTA-
> ROS EN UNO, PARA QUE NO OS TIENTE SATANÁS A CAU-
> SA DE VUESTRA INCONTINENCIA. MAS ESTO DIGO POR
> VÍA DE CONCESIÓN, NO POR MANDAMIENTO.
>
> 1 CORINTIOS 7:3-6

## ¿QUÉ ES EL DEBER CONYUGAL?

El deber conyugal es la responsabilidad de cada cónyuge de satisfacer las necesidades sexuales del otro. Me gusta el hecho de que el apóstol no generalizara el asunto, sino que le dijera al hombre que cumpliera con su mujer, y a la mujer que cumpliera con su marido. Esto se debe a que las necesidades sexuales son muy diferentes entre ambos sexos.

Cuando le pide al hombre que cumpla su deber conyugal, desde el punto de vista bíblico significa que el hombre tiene la responsabilidad de iniciar la relación, debe asumir la iniciativa. El hombre, al igual que Jesús, debe amar primero. Algunos dirán: «Muy bien, excelente, no hay problema. Si se trata de asumir la iniciativa para tener relaciones sexuales, ¡pues heme aquí, Señor, envíame a mí!». Fantástico, pero no te olvides que vas a cumplir tu deber conyugal para con tu mujer. En otras palabras, no vas a suplir tus necesidades, sino las suyas.

Cuando un hombre quiere cumplir su deber, tiene que entender cuál es el idioma de amor de su esposa. Aquí no cabe el refrán que dice: «Haz al otro lo que te gustaría que te hagan a ti». Ella es diferente a ti. Si tal vez has estado todo el día fuera de casa sin verla y sin haber hablado con ella, y al llegar a tu casa no te importa enfrascarte de inmediato en una relación sexual comenzando desde la puerta de entrada a la casa, jamás pienses que para ella es igual. ¡No lo intentes! ¡Podrías darte contra una pared de concreto!

Si has visto esa escena en la televisión, no creas que es igual en la vida real. Las mujeres son diferentes... Necesitan emocionarse primero, para después encenderse. Primero debió haber recibido alguna llamadita, algún mensaje de texto. Necesita escuchar trivialidades de las que ocurrieron durante el día. Necesita que primero te bañes y en esa ocasión utilices un gel aromático de baño. Necesitará explicarte los problemas que tuvo en el día y sentir que te preocupaste por escucharla e identificarte con ella, sin sermonearla ni darle consejos, sino que la halagaste por cómo lo manejó. Entonces, ella se dispondrá a comenzar, y en esos momentos tú estás como un volcán en erupción, desesperado, y como si fuera poco, ella te dice al oído: «Mi amor, suavecito, poco a poco...».

Luego, descubres que aunque ella está dispuesta a la intimidad sexual, no significa que esté lista para el coito. El estar dispuesta no significa que esté encendida en lo sexual. Desde donde está hasta donde quieres llegar hay un tramo más que te corresponde a ti recorrerlo a su lado, pues tampoco puede hacerlo sola.

## NO ES TAN FÁCIL COMO PARECE

En este punto es donde muchos hombres «explotan de desesperación», debido a que no entienden cómo esa mujer puede ser tan difícil. Todo esto nos confirma que cumplir con nuestra mujer el deber conyugal no es tan fácil como parece. Esto significa que yo tengo que entender las necesidades específicas de mi cónyuge para poder suplirlas. Tengo que estudiarla, tener extensas conversaciones de tema sexual a fin de llegar a conocer sus necesidades más íntimas y prepararme para suplirlas. Además, debo darme a la tarea de conocer cuáles son las cosas que entorpecen o dificultan que ella pueda encenderse con más rapidez.

Hombres, no caigan en el fatídico error de criticar lo que no conocen. Si no eres mujer, no juzgues su comportamiento sexual. Tampoco cometas el grave error de comparar a tu esposa con tus experiencias sexuales anteriores. Me refiero a que cada persona es un mundo, pero cada mujer es un universo escondido que hay que descubrir. No todas son iguales.

De igual manera, no compares a tu cónyuge con otras personas de tu pasado de fornicación, porque la relación sexual doméstica no puede competir con la callejera. Cuando una persona tiene una relación sexual prohibida, algo en su interior le dice que está haciendo algo malo. Cuando alguien está caminando en terreno peligroso, a escondidas, se pone tenso y nervioso. Esa tensión nerviosa produce en el cuerpo una sustancia llamada «adrenalina». Cuando esta sustancia se mezcla con las hormonas, se produce una «bomba» muy fuerte de reacciones sexuales.

Cuando esa persona entra en una relación sexual doméstica, a la que defino como relación sexual lícita y licenciada por la sociedad y la iglesia, no se produce adrenalina. Solo actúan las hormonas, pero la persona no se siente igual. Dicho sea de paso, puede tener relaciones sexuales con la misma persona que fornicaba en «sus andanzas» del pasado, y ahora después de casados ambos sienten que ya no es igual, que ya no es tan fuerte la experiencia.

Al igual que el hombre, la mujer tiene que aprender a suplir las necesidades específicas de su esposo. No puede meter a su esposo en un molde de mujer. Aunque él tiene que asumir responsabilidad por entenderte de manera sexual, es tu responsabilidad hacer lo mismo. Si él no debe juzgar tu naturaleza sexual, tú no debes hacerlo tampoco. Lo digo porque hay mujeres a las que sus esposos las complacen, pero a la hora de complacerlos a ellos, los juzgan de «carnales» por querer tener relaciones sexuales casi todos los días o querer tener algunas aventuras sexuales que a ti no te parecen interesantes.

Hay mujeres que consideran una tontería y una pérdida de dinero comprarse unas «batitas especiales» o «camisones cortos» a fin de tener relaciones sexuales. Les parece ridículo ponerse esas «parafernalias»: «Si, total, en unos minutos me la quitan». Prefieren ponerse las batas «prácticas» que les gustan, pero no las que les encantan a ellos, aunque sea por unos segundos.

Deja que te explique cómo se siente él cuando tiene urgencias sexuales. Cómo su cuerpo reacciona en diversas circunstancias. Cómo se activa de modo sexual cuando siente que te ama. Qué síntomas experimenta cuando está tenso sexualmente. Recuerda no criticar lo que no entiendes, pues si no tienes un cuerpo de hombre, jamás experimentarás lo que siente él.

Si no lo entiendes, acéptalo por fe. Sobre todo, cumple tu deber conyugal hablando su idioma, atendiendo sus necesidades sexuales según las entiende y no como tú las percibes a juzgar por la manera en que las sientes.

Pregúntale qué cosas lo complacerían y qué experiencias quisiera tener en su deleite sexual contigo. Nunca accedas a lo perverso y contaminado, pero lo sano y puro «hazlo con todas tus fuerzas». ¿Verdad siervos de Dios? Me parece escucharlos... ¡Améeeen!

## ¡NO SE NIEGUEN EL UNO AL OTRO!

El libro de la sabiduría, la Biblia, ordena en 1 de Corintios capítulo 7 que la pareja no se niegue el uno al otro. Dios sabe lo delicado que es el corazón cuando se trata de asuntos sexuales. La sexualidad exige entrega, y cuando no somos correspondidos, la herida se hace profunda. La tristeza de un rechazo sexual es grande. Cuando ese rechazo se repite, la otra persona puede hasta caer en una depresión o en un estado de irritabilidad profundo. Es obvio que la relación de pareja se complica si a la hora de comunicarse se espera un estallido emocional o una reacción melancólica y depresiva.

El otro elemento en juego es cuando alguno de los dos hace un acercamiento del tipo erótico que tal vez se deba a que sienta la necesidad de expresarse de esa manera. Sin duda, lo inicia pensando en complacer a la otra persona, pero también sabemos que lo hace por necesidad. De lo contrario, hubiera esperado a que el otro asuma la iniciativa. Casi nadie hace el acercamiento por conciencia, sino por deseo sexual. Esto se conoce como la libido. Ese deseo sexual impulsado por las hormonas del cuerpo.

¿Qué pasa con alguien que impulsado por sus deseos sexuales hace un acercamiento y recibe una excusa como respuesta que significa un «NO»? ¿Qué pasa con alguien que tuvo que recoger sus deseos sexuales y bajar las velas porque «hoy no navegas»? Seas hombre o mujer, te quedas «trepando paredes». ¿Verdad?

En ese estado no es conveniente que nadie salga a la calle. No estoy diciendo que esa persona vaya a fornicar ni adulterar por tu culpa, pero al negarnos estamos provocando que en su estado de «alerta sexual» se fije en otra persona. Este «fijarse» se inicia en el desarrollo del trato con la otra persona, en quien poco a poco descubre cualidades que lo lleven a admirarle. El resto es historia.

Así es que si quieres que sus ojos sean solo para ti. Ayudaría muchísimo si siempre dispusieses en tu corazón a nunca negártele, aunque en ocasiones represente un sacrificio de amor hacerlo. Creo que hay mucha sabiduría en esta determinación.

## A NO SER POR ALGÚN TIEMPO DE MUTUO CONSENTIMIENTO

Siguiendo con los mandamientos de 1 de Corintios, puede haber un tiempo de abstinencia sexual en el matrimonio por motivos especiales, tal como el dedicarse «sosegadamente a la oración». Sin embargo, es imprescindible apuntar que es por «mutuo consentimiento». Por lo tanto, si uno de los dos decide dedicarse sosegadamente a la oración, hazlo, pero no obligues a tu cónyuge a entrar en el ayuno sexual si no siente en su corazón hacerlo.

Entonces... si hago un retiro de oración y sostengo relaciones sexuales con mi cónyuge durante el mismo, ¿peco? ¡Claro que no! El milagro de la sexualidad es parte de lo que Dios utilizó para impartirnos su imagen y semejanza. Así es que debemos concluir que se puede estar en un retiro de oración y sostener relaciones sexuales con su cónyuge para que tu tiempo con Dios no vaya a resultar en una aflicción para tu pareja; como también acordar la abstinencia por mutuo acuerdo y tan pronto salgan, juntarse de nuevo para evitar aflicciones innecesarias de la carne.

## VUELVAN A JUNTARSE EN UNO PARA QUE SATANÁS NO LOS TIENTE A CAUSA DE SU INCONTINENCIA

No permitas que nadie te imponga mandamientos de hombres que parecen espirituales, pero no lo son. Insisto en que la verdadera espiritualidad es la que entiende la naturaleza tal como la diseñó Dios. Si Él reconoce lo poderoso que es la sexualidad, razón por la cual nos ordena que volvamos a juntarnos de inmediato al salir de un tiempo de abstinencia que ambos decidieron de forma voluntaria, es porque la incontinencia sexual natural puede ser peligrosa debido a la falta de intimidad. Debemos entender que el tiempo de abstinencia no es natural, pero Dios nos concede la opción de entrar en ella si ambos están de acuerdo. Con todo, no es un mandamiento. El versículo 6 lo confirma: «Mas esto digo por vía de concesión, no por mandamiento». Así que no permita que nadie «lo venda» como mandamiento, porque no lo es.

Algunos preguntan: «Si la sexualidad es así, ¿por qué entonces Dios les exige a los solteros abstenerse de tener relaciones sexuales?». La pregunta es muy buena. La verdad es que el soltero que se abstiene de toda actividad sexual, incluyendo la masturbación, no tiene las mismas urgencias sexuales que los casados. Por lo tanto, puede en Dios mantenerse en abstinencia hasta que se case. Ya sé, yo dije que si el soltero se estaba quemando, era mejor que se casara. Y lo sostengo. Aun así, también acabo de decir que el soltero no tiene las mismas presiones sexuales que los casados.

## ¿QUIÉN TIENE MAYOR SENSIBILIDAD SEXUAL, EL SOLTERO O EL CASADO?

Las personas casadas activaron de manera física todos los sensores sexuales de su cuerpo. Los órganos con la responsabilidad de hacer funcionar toda la maquinaria sexual están trabajando a su mayor capacidad. Las hormonas están a su máxima concentración porque la actividad sexual estimula todos los componentes del metabolismo sexual.

Si conversas con un soltero, puedes tocarlo en sus brazos o en cualquier área prudente de su cuerpo durante la conversación y nada ocurre. Sin embargo, con un casado debes ponerte límites, pues las experiencias de toques durante las relaciones sexuales han despertado sus sensores corporales creando un estímulo mayor que la de los solteros. No es que no se pueda tocar a una persona casada, me refiero a toques frecuentes que entre los solteros ocurre con mucha naturalidad durante conversaciones, pero entre casados es peligroso.

Los casados tienen todas las hormonas activas. Sus genitales entraron en un nivel de metabolismo enorme por las experiencias orgásmicas, y además de todo lo anterior, duerme en una cama con una persona del sexo opuesto todas las noches. Esto quiere decir que ese cuerpo a su lado le provoca atracciones fortísimas que revuelven sus deseos sexuales. El soltero no tiene estas experiencias ni esas presiones.

Por eso, un joven que busca a Dios y experimenta el gozo del Espíritu Santo morando en su interior tiene la capacidad de controlar su sexualidad. Aun cuando siente una fuerte atracción por el sexo opuesto, su vida no se desarma, puede ser feliz hasta con «la neura sexual». Por el contrario, un casado que no mantiene una intimidad sexual frecuente, ya sea por conflictos con su cónyuge, actitudes antisexuales, incomprensión o tabúes religiosos, puede sufrir trastornos de toda clase que se van a manifestar de diferentes maneras. El nivel de sufrimiento, angustia, depresión, malhumor, alta tensión sanguínea, insomnio, entre muchas otras, es mayor que lo que pueda sufrir el soltero. Se necesita a Dios y su santa ayuda para lidiar con las consecuencias de un matrimonio de frecuentes abstenciones, sobre todo cuando no son voluntarias.

Si Dios mismo nos pide que nos juntemos, como una forma de protegernos el uno al otro, debemos seguir sus instrucciones aunque no sea nuestra preferencia en todos los casos. Es de suponerse que Satanás, que se comporta como «león rugiente», está buscando sin cesar a quien devorar. Está pendiente de las parejas que descuidan su deber conyugal por las razones que sea, ya sea para tentar, para seducir o para provocar atracciones e intereses fuera del lecho matrimonial. Cuando digo fuera del lecho, incluye las actividades sexuales que se ven a través de la pantalla de una computadora o del televisor.

## LOS SUSTITUTOS SEXUALES DE LOS CASADOS

Cabe señalar que hoy en día existe una enorme cantidad de parejas casadas jóvenes que tienen pocas relaciones sexuales debido a que uno de ellos, que por lo general son los hombres, canalizan su sexualidad a través de la pornografía y la masturbación. Hay un creciente número de personas teniendo experiencias sexuales a través de estos medios, reduciéndose así la actividad sexual con su cónyuge. Esto es parte de las estrategias de Satanás para desarticular la unidad matrimonial, aprovechándose de tiempos de alejamiento sexual entre la pareja que nunca debieron haber ocurrido.

Entonces, preguntarás: «¿Cómo voy a tener relaciones sexuales si existen problemas y conflictos no resueltos entre nosotros? ¡Yo no puedo!».

Lo entiendo a la perfección. Créanme que sí. A pesar de eso, la verdad es la verdad, independientemente de las razones que tengamos para justificar el porqué no podemos obedecer a Dios cuando nos exige que no nos neguemos. Debido a que no podemos negarnos porque hacerlo no va a resolver nada, sino solo complicarlo, no hay otra salida que arreglar el conflicto a como dé lugar. La Palabra de Dios nos dice:

> AIRAOS, PERO NO PEQUÉIS; NO SE PONGA EL SOL SOBRE VUESTRO ENOJO, NI DEIS LUGAR AL DIABLO.
> EFESIOS 4:26-27

Este pasaje confirma que cuando hay enojos no podemos dejarlos vivos por más de un día, porque si lo hacemos, le damos lugar al diablo. «No se ponga el sol sobre tu enojo» quiere decir que todos los problemas que tengamos debemos resolverlos cada día. No podemos dejar que se acumulen los conflictos porque los niveles de ira, o cualquier otra manera en que tu carne decida canalizar el malestar, serán cada vez más fuertes.

Satanás espera con paciencia esos momentos para intervenir, aprovechando los conflictos e incitarnos a alejarnos, en vez de resolverlos. Puede aprovecharse de nuestra falta de sabiduría al no tener en cuenta el consejo de Dios que nos enseña a no dejar pasar tiempo. El asunto es que si a los problemas y conflictos le añadimos el abandono de nuestras responsabilidades conyugales, estas crisis tomarán dimensiones astronómicas.

Por lo tanto, como no podemos abandonar las relaciones sexuales y no podemos tenerlas si no estamos en comunión, debemos resolver de inmediato todos nuestros conflictos para estar siempre conectados de manera emocional y así estar siempre listos para «toda buena obra». ¡Ese es el asunto!

## El amor es un compromiso de «ruda» valentía

El amor no es solo un asunto de sentimientos hermosos y romances idílicos. También es un compromiso de ruda valentía. ¿Y qué va a pasar cuando las cosas no sean tan lindas como siempre lo habías soñado? ¿Se derrumbará nuestro mundo y nos lanzaremos al suicidio? ¡No! Tenemos que «agarrar el toro por los cuernos», dejarnos de delicadezas sentimentales y hacerle frente al asunto con mucha determinación y madurez. Tenemos que citarnos, establecer las «reglas del juego» durante la discusión y ponernos de acuerdo con mucho respeto y humildad «agresiva». Establecer así una estrategia dura contra la autocompasión y una actitud decidida a ganar la batalla del corazón de su cónyuge.

Si no podemos lograrlo, tenemos que recurrir a Dios y humillarnos delante de Él, reconociendo que Satanás ganó terreno. Si tu cónyuge no te quiere acompañar en el proceso de reconciliación, lánzate igual. Dios, que es poderoso y amplio en perdonar, nos socorrerá por amor de su nombre y nos sacará de la crisis, poniendo en cada cual conciencia de pecado. O sea, que a cada uno le mostrará en qué falló. El primero que reconozca su error y pida perdón a su cónyuge, ganará gran estima delante de Dios y, créanme, será recompensado.

¿Y qué si sabes que tienes la razón y que tu criterio es el adecuado, pero en el proceso Dios te redarguye por alguna falta cometida? Qué difícil será pedir perdón sabiendo que solo cometiste una falta y que, sobre todo, tienes razón en cuanto al problema que los llevó a esto. Por eso digo que tenemos que ser humildes de manera agresiva.

Es probable que cuando terminen la discusión estén exhaustos en lo emocional. Tengan intimidad sexual para sellar la reconciliación y terminar de sanar la relación. Si uno de los dos quedó dolorido después de la reconciliación, cédale un poco de espacio, pero tan pronto puedan, intimen y vuelvan a intimar, para cerrarle toda puerta a Satanás en su vida.

## ¿Y SI TENEMOS QUE LLEGAR A LA SEPARACIÓN?

Veamos lo que nos dice la Biblia:

> Pero a los que están unidos en matrimonio, mando, no yo, sino el Señor: Que la mujer no se separe del marido; y si se separa, quédese sin casar, o reconcíliese con su marido; y que el marido no abandone a su mujer.
>
> 1 Corintios 7:10-11

Pablo es muy responsable con la revelación de Dios y su propia interpretación. Por eso aquí aclara que este mandamiento no es producto de su propia interpretación de las enseñanzas de Jesús, sino un mandamiento directo de Dios: «Mando, no yo, sino el Señor». El mandamiento va dirigido en esta ocasión a las mujeres, pero ajusta por igual a los hombres. Les pide que no se separen del esposo, pero si se separan, que se queden sin casar. La otra opción que ofrece es la reconciliación. ¿Por qué estas son las únicas dos opciones?

Recuerda que en Mateo, capítulos 5 y 19, Jesús decretó que solo había una razón para el divorcio aprobado por Dios, el cual era la fornicación de una o ambas partes. Recuerda también que Él estableció que cualquier otra causa determina que el divorciado que se casa de nuevo adultera con su nueva relación. Es por eso que el apóstol Pablo le dice a la mujer que en iguales circunstancias, si se separa, o sea, si se divorcia, debe quedarse sin casar. En el caso de que se vuelva a casar cometería adulterio. Aquí Pablo está validando el mandamiento de Jesús sobre el divorcio y el nuevo casamiento.

## La separación como un elemento de disciplina

En otras palabras, el pecado no es separarte si tienes que hacerlo, ni divorciarte si la situación fuera tan grave que tuvieras que tomar esa decisión. El pecado consiste en volver a casarse si el divorcio no fue por la razón justificada. La voluntad de Dios es que si tuvieras que utilizar la separación como un elemento de disciplina para tu cónyuge, pues hazlo si tienes el apoyo de consejeros matrimoniales y de tus pastores, pero quédate sin casar. El propósito de la disciplina de separación es la corrección, la educación, la formación del carácter de tu cónyuge, a fin de que, a la larga, llevarlos a la reconciliación.

Aun si la situación fuera tan precaria donde mantener la relación pudiera hacer caer a toda la familia en un caos irrecuperable de dimensiones legales serias, quizá tengan que divorciarse para evitar algunas consecuencias graves. No obstante, quédese sin casar porque al final del proceso, si la persona se recupera, deben reconciliarse.

Si tu cónyuge se recupera y se convierte en una persona diferente a la que conocías, ¿por qué no darle la oportunidad? Tus hijos te lo agradecerán. En lo profundo de su corazón saben mejor que nadie la meta de Dios: Que el matrimonio sea indisoluble.

Conozco parejas en las que uno de los dos llegó divorciado a la iglesia. Después de entrevistarle descubrimos que la causa del divorcio no cumplía con los requisitos dados por Dios. Así que la solución era tratar de reconciliar esa relación previa, siempre y cuando la otra persona no estuviera con alguna pareja en relación consensual. Hace poco, tuvimos a una pareja que después de cinco años de divorciados volvieron a darse una oportunidad y los volvimos a casar, después de un largo proceso de restauración de la relación. Sus hijos estuvieron en la boda de reconciliación de sus padres. La alegría de sus rostros no tenía precio. Sus vidas espirituales habían crecido en gran medida y los adolescentes brillaban de gozo.

## ¿Y QUÉ DE LOS CRISTIANOS QUE TIENEN CÓNYUGES INCONVERSOS?

La Palabra de Dios también tiene la respuesta:

> Y A LOS DEMÁS YO DIGO, NO EL SEÑOR: SI ALGÚN HERMANO TIENE MUJER QUE NO SEA CREYENTE, Y ELLA CONSIENTE EN VIVIR CON ÉL, NO LA ABANDONE. Y SI UNA MUJER TIENE MARIDO QUE NO SEA CREYENTE, Y ÉL CONSIENTE EN VIVIR CON ELLA, NO LO ABANDONE. PORQUE EL MARIDO INCRÉDULO ES SANTIFICADO EN LA MUJER, Y LA MUJER INCRÉDULA EN EL MARIDO; PUES DE OTRA MANERA VUESTROS HIJOS SERÍAN INMUNDOS, MIENTRAS QUE AHORA SON SANTOS.
>
> 1 CORINTIOS 7:12-14

El verso 12 es una opinión interpretativa del apóstol sobre lo que entiende debe ser la voluntad de Dios en este caso en particular. Es obvio que esa opinión debe considerarse con seriedad porque él tuvo una revelación muy personal de Dios y, además, ha mostrado ser muy consciente de la realidad humana. Los versos 13 y 14 nos confirman que si el creyente tiene un cónyuge no creyente y consiente en vivir con el creyente, no lo debe abandonar por ser inconverso. Lo que más me conmueve es la razón que da para dicha recomendación: «El marido incrédulo es santificado en la mujer, y la mujer incrédula en el marido» (v. 14).

Esto significa que por el solo hecho de que consienta en vivir con él, Dios lo va a bendecir y santificar. Claro, esto no significa que ahora sea salvo, como si la salvación fuera por «ósmosis» espiritual. Significa que Dios lo separará para tratar con esa persona de una manera especial por amor a ti. Aunque no lo merezca, Dios lo bendecirá porque te ama. Lo rodeará de sus misericordias por amor a ti. Le mostrará lo que tú significas para Él. Luego, el verso continúa diciendo: «Pues de otra manera vuestros hijos serían inmundos, mientras que ahora son santos».

Esto es más fuerte aun. Significa que la presencia de un creyente trae bendición, protección, prosperidad y gracia a toda la familia. Mantener el matrimonio garantiza la santificación de los hijos. Esto no significa que los hijos sean salvos, porque como dice el refrán: «Dios tiene hijos, pero no nietos». Aun así, Dios promete darles un trato especial. Los llamará y les hablará de muchas maneras. Los protegerá de peligros, los separará para la salvación, pero ellos tendrán que responder de manera favorable. El simple hecho que Dios los llame santificados para sus propósitos, para mí es suficiente. ¿No te parece?

## Entonces, si el incrédulo se separa... que se separe

Queda claro que si el incrédulo decide separarse, debes permitírselo. No lo amarres. No quieras obligarle a vivir contigo. Tampoco vayas a «negociar» tu fe por causa del incrédulo.

> Pero si el incrédulo se separa, sepárese; pues no está el hermano o la hermana sujeto a servidumbre en semejante caso, sino que a paz nos llamó Dios.
>
> 1 Corintios 7:15

Cuando el apóstol dice que el creyente no está sujeto a servidumbre, es para que nadie vaya a sentirse obligado «por causa de la fe en la indisolubilidad del matrimonio» a tener que quedarse con esa persona. Esto es para evitar que el creyente entre en actitudes necias, como apelar a los sentimientos del otro, manipularlo con un sentido de culpabilidad o condenación para obligarle a quedarse. No, déjalo ir. Descansa, Dios te concede la paz.

Ahora bien, tengo varias cosas que quiero que recuerdes para que no te desvíes ni a izquierda ni a derecha. La decisión la tomó el incrédulo, no tú. Además, recuerda que mientras esa persona esté sola, el matrimonio sigue vigente en el Reino de Dios aunque haya ocurrido un divorcio legal terrenal. Volvemos a reiterar el propósito porque la voluntad de Dios es ganar a ese incrédulo para el Reino y nuestras expectativas deben ser iguales a las de Él.

Sin embargo, tan pronto esa persona se ligue a otra, quedas libre para unirte sin pecar a otra persona. Puedes rehacer tu vida con otra persona que, suponemos, será creyente, ¿verdad? Porque no vas a caer en el mismo error dos veces, ¿¡no!?

## La separación no es un proceso de repudio

El siguiente pasaje le da mucho equilibrio a la concesión de la separación, pues este no es un proceso de repudio, sino de restauración.

> Porque ¿qué sabes tú, oh mujer, si quizá harás salvo a tu marido? ¿O qué sabes tú, oh marido, si quizá harás salva a tu mujer?
>
> 1 Corintios 7:16

Si el creyente utiliza la concesión con la motivación de repudiar, tengo que recordarle que Dios aborrece el repudio. Por lo tanto, tengo que concluir que tu corazón se dañó y es probable que de aquí en adelante todas las decisiones que tomes sean equivocadas. Estas son las cosas que Satanás discierne con mucha habilidad para sembrar la semillita de la cizaña con la que se puede ir a descansar porque por sí misma seguirá su curso tenebroso.

No obstante, en todo tiempo mantén en tu corazón la esperanza de Dios: «¿Qué sabes tú, oh mujer, si quizá harás salvo a tu marido? ¿O qué sabes tú, oh marido, si quizá harás salva a tu mujer?».

Es obvio que durante todo ese proceso será necesario que no solo guardes tu corazón de no contaminarse, sino también guardes tus comportamientos, actitudes y reacciones para que le puedas modelar el carácter de Cristo. He visto a muchos correr a los pies de Jesucristo como producto de haberse expuesto al testimonio de creyentes que pasando por la crisis se comportan de tal manera que dejan una impresión de gloria en los demás. Esos son los momentos donde nos convertimos en «sal de la tierra y luz del mundo»:

> Así alumbre vuestra luz delante de los hombres, para que vean vuestras buenas obras, y glorifiquen a vuestro Padre que está en los cielos.
>
> MATEO 5:16

## DE LA MANERA EN QUE LLEGASTE A CRISTO, QUÉDATE ASÍ

No trates de arreglar los errores del pasado si estos ya son irreparables. ¿Llegaste a Cristo habiendo tenido dos o tres matrimonios anteriores? No trates de arreglar lo que ya no tiene remedio. Lo único que puedes hacer es pedir perdón, si fuera prudente hacerlo, y restituir daños o cumplir con pensiones abandonadas, etc. Sin embargo, deja atrás lo que forma parte del pasado y no quieras entrar en un laberinto del cual no hay salida. Recuerda que Dios te llamó a paz. Lee con detenimiento el siguiente pasaje bíblico donde se brinda el consejo que resuelve este dilema:

> Pero cada uno como el Señor le repartió, y como Dios llamó a cada uno, así haga; esto ordeno en todas las iglesias. ¿Fue llamado alguno siendo circunciso? Quédese circunciso. ¿Fue llamado alguno siendo incircunciso? No se circuncide. La circuncisión nada es, y la incircuncisión nada es, sino el guardar los mandamientos de Dios. Cada uno en el estado en que fue llamado, en él se quede. ¿Fuiste llamado siendo esclavo? No te dé cuidado; pero también, si puedes hacerte libre, procúralo más. Porque el que en el Señor fue llamado siendo esclavo, liberto es del Señor; asimismo el que fue llamado siendo libre, esclavo es de Cristo. Por precio fuisteis comprados; no os hagáis esclavos de los hombres. Cada uno,

HERMANOS, EN EL ESTADO EN QUE FUE LLAMADO, ASÍ PERMANEZCA PARA CON DIOS.

1 CORINTIOS 7:17-24

Aplicando este principio espiritual expuesto aquí, llegamos a la conclusión que si conociste a Cristo con un matrimonio que se formó en adulterio por cualquiera de las circunstancias discutidas con anterioridad, o aun por otras no planteadas todavía, quédate en él. No vayas a tratar de restituir el matrimonio previo rompiendo el que tienes. Es como desvestir a un santo para vestir a otro, y mucho menos si tienes hijos en la relación actual. De todos modos, creo conveniente que todo el que haya tenido un pasado «accidentado» debería asistir a alguna sesión de consejería pastoral para asegurarse que todo está en orden o para establecer plataformas sólidas sobre las que pueda edificar su vida de aquí en adelante a pesar de todos los errores cometidos en el pasado.

## HAY QUE RESOLVER EL PECADO DEL PASADO

Hay un principio espiritual que no podemos obviar en estos momentos. Aunque es cierto que la Palabra nos ordena que nos quedemos en la condición en que llegamos a Cristo, eso no resuelve el problema del pecado. ¿A qué me refiero? A que si me casé en pecado, porque adulteré al casarme con el cónyuge que tengo en la actualidad, tengo paz al saber que no tengo que arruinar nada de lo actual. Sin embargo, el problema del pecado no está resuelto, pues sigo en pecado.

Por lo tanto, ahora que tengo conciencia de pecado debo arrepentirme junto con mi cónyuge en la presencia de Dios en oración, de modo que mi pasado quede borrado con el perdón de Dios. En realidad, tenemos que asumir la responsabilidad por nuestros pecados. Mi conversión me limpia de todo pecado, pero cuando soy consciente de algo tan serio como esto, es necesario asumir la responsabilidad y concluir el pasado. Si se pudiera dar en el contexto de un consejero pastoral, mejor, aunque no es imprescindible.

## La reparación de lo reparable

Cuando hay problemas en el matrimonio, la solución no es romperlo. Si se daña algún artículo doméstico de valor, la solución no es comprar otro, sino repararlo.

¿Qué tal si vieras algún vecino subirse al techo de una hermosa casa de hormigón armado, tomar un martillo hidráulico de gran potencia y comenzar a romper todo el techo de la casa hasta convertir su linda residencia en una ruina? Es probable que irías a preguntar: «¿Por qué hiciste eso? ¿Qué pasó? ¿Qué tan malo era eso que tenía la casa que la convertiste en una ruina?». Sin duda, caerías de espaldas, metafóricamente hablando, si la respuesta que te diera fuese: «Es que tenía una grieta en el techo por donde entraba agua. Me molestaba mucho. Así que decidí romper el techo para hacer uno nuevo». ¡Qué absurdo! ¿Verdad? Jamás pensarías que alguien fuera capaz de hacer tal cosa. No cabe en una mente humana sana tomar una medida tan drástica cuando se hubiera podido resolver de otra manera.

Luego, otro vecino que tiene una hermosa terraza de madera preciosamente decorada con plantas y fuentes de agua bordeando una piscina espectacular, descubre que tiene un rastro de termes subiendo por una de las columnas de la terraza. Te acercas y descubres que está echándole a la hilera de termes un poco de gasolina. Para tu sorpresa, lo ves tomar un fósforo y prenderle fuego. Es obvio que la terraza entera arde y el fuego la consume en cuestión de minutos. Todavía te encuentras en estado de choque porque no puedes creer lo que acaban de ver tus ojos, y mucho más cuando le ves una sonrisa de satisfacción en sus labios.

—¿Por qué sonríes? ¿De qué te alegras? —le preguntas.

—Resolví el problema —te responde.

—¿Cuál? —preguntas de nuevo.

—Pues se acabaron los termes.

—¡Pero a qué precio! —le contestas.

Sin duda, estos ejemplos te parecen absurdos. Es inconcebible que propiedades de tanto valor se destruyan por problemas que pueden resolverse de una manera más inteligente. La palabra de orden es la siguiente: «Mantenimiento». Con la pequeña inversión de un sellador de techo se hubiera resuelto el problema de la casa. Con un poco de insecticida especial para termes se hubiera resuelto el problema de la terraza. Nadie tomaría medidas tan drásticas para solucionar problemas que puede remediar el mantenimiento.

## NO DESTRUYAS LO QUE SOLO NECESITA MANTENIMIENTO

Analiza esto bien. Si a tu matrimonio le apareciera una grieta, no lo rompas. Si a tu matrimonio le apareciera una plaga de insectos, no lo quemes hasta destruirlo. ¿Por qué no parece tan absurdo cuando las parejas, por problemas que tienen solución, deciden romper la relación? Sin embargo, muchos deciden tomar medidas drásticas, tal como la disolución de su matrimonio, cuando una inversión de mantenimiento matrimonial lo hubiera podido resolver.

Reconozcan la necesidad del mantenimiento. Hay dos maneras de hacerlo y ambas son aceptables. Una es el mantenimiento curativo y otro es el preventivo. Lo perfecto es que pudiéramos en la totalidad de los casos prevenir los problemas y evitarlos, tomando medidas que suplan las necesidades de nuestro cónyuge, y aun las nuestras, antes de que nos «facturen». No obstante, eso no siempre es posible. Por más que lo preveamos, a la corta o a la larga descubriremos que nuestro cónyuge está molesto o incómodo por las necesidades no suplidas. O quizá seamos nosotros los que estemos irritados por lo mismo. Sea cual sea el origen del problema, debemos responder como es debido y darle de inmediato el mantenimiento a la relación.

Es evidente que lo más sabio es que seamos preventivos. ¿De qué manera podemos serlo? Primero, aprende de los problemas de los demás. Hay un dicho que reza: «Nadie aprende por cabeza ajena». Sin embargo, se supone que los cristianos tengamos «oídos para oír», que sepamos poner por obra los consejos ofrecidos por la gente que nos rodea y que han vivido distintas experiencias y tienen mucho que aportar. Ya sea la sabiduría de la experiencia o los errores de los demás, ambos serán eficaces por igual a la hora de ofrecer información valiosa que nos evitará el dolor del fracaso.

En segundo lugar, tenemos que aprender de nuestros propios errores. Si tenemos la humildad de «buscar la vuelta» para reconciliar la relación después de un conflicto, habremos podido prevenir. No obstante, es importante que nos detengamos a analizar qué sucedió y por qué, de lo contrario seguiremos cayendo en los mismos conflictos como en un círculo vicioso. Por lo tanto, lo sabio es sacar tiempo para comunicarnos e identificar cuáles fueron nuestros errores en el proceso. No estoy hablando de quién tiene la razón, pues eso no es lo más importante, sino de analizar cuáles fueron nuestras actitudes durante el conflicto y disculparnos por todas las que fueron erróneas a la luz de las Escrituras. Al final de esa conversación, debemos ponernos de acuerdo en cómo evitar caer en este conflicto una vez más.

Puede que el que tuviera la razón en cuanto al conflicto original haya sido el que más pecara a la hora del enfrentamiento. Ese será el que más responsabilidad tendrá que asumir a la hora de la solución del asunto. Dolerá mucho, pero es justo y razonable que sea así porque la vida está llena de problemas y conflictos de los que no tenemos la responsabilidad, pero sí la tendremos con relación a la manera en que los manejamos y resolvemos. El que reacciona «rompiendo y quemando», sufrirá más, porque esa no es la forma apropiada de enfrentar la vida. No eres culpable de la «grieta ni de la plaga», pero sí del remedio equivocado.

## capítulo 6

# EL AMOR QUE NO DA FRUTO

El amor no es una emoción, sino una decisión del corazón a fin de llegar a otros. Incluso, es más importante que todos los dones espirituales, pues «las profecías se acabarán, y cesarán las lenguas» (1 Corintios 13:8), pero el amor permanecerá. Sin embargo, muchas veces vemos que el amor no da frutos de su existencia. ¿A qué se debe esto?

## LA DIFERENCIA ENTRE SENTIR EL AMOR Y EXPRESARLO

Existe un gran abismo entre sentir el amor y expresarlo. Hay muchas personas que son categóricas en cuanto a sus sentimientos.

Sin embargo, es muy triste ver que esos miembros de la familia que dicen amar sean infelices y depresivos justo porque no se sienten amados. Esto evidencia que sentir el amor a nadie salva, a nadie edifica, a nadie bendice, a nadie hace feliz. El amor no expresado es nulo, infructífero e irresponsable.

«Amarás a tu prójimo como a ti mismo» revela que debemos ser sanos en nuestro interior para dar amor a medida que nos amamos a nosotros mismos. Nadie puede amar a otros más de lo que se ama a sí mismo. A muchas de estas personas se les hace tan difícil expresar el amor porque es probable que también fueran víctimas al no haberse sentido valoradas, apreciadas, estimadas e importantes.

Quienes se formaron sintiéndose así, no pueden dar lo que nunca recibieron ni poseen. De modo que Cristo vino a nuestra vida para restaurarnos el corazón y hacernos sentir «hijos especiales», cuidados y valorados más allá de lo imaginable. Hijos acompañados por nuestro Padre todos los días de nuestra vida.

Al devolvernos el sentido de dignidad, de importancia y de grandeza (esa que ofrece el perdón), recibimos la libertad de las vergüenzas y los complejos. Ese amor nos capacita para poder devolver a otros ese mismo sentimiento, pero ahora expresado. Por esa razón damos amor, según lo recibimos de Cristo confirmado por medio del Espíritu Santo que vino a morar en nuestro corazón.

Tenemos el llamado de Dios para amar de la misma manera que Él. Por lo tanto, no expresarlo es desobediencia y, por consiguiente, pecado. Significa que tenemos que evaluarnos hasta qué punto tenemos la libertad para amar. El pecado en el corazón es uno de los antídotos del amor. Mientras más libres seamos del pecado, más capaces seremos de amar.

Muchas veces, cuando me sentía incapaz de darle cariño a mi esposa tenía que preguntarme: «¿Por qué no fluye ese sentimiento de amor como debería?». La respuesta basada en la verdad de Dios era: «Al parecer, hay pecado guardado en tu corazón porque eso es lo único que neutraliza el amor de un cristiano». Entonces, corría a humillarme delante de la presencia de Dios y descubría por revelación del Espíritu Santo lo que me tenía estancado o frío en mis expresiones de amor.

Otra de las causas que ha afectado a generaciones completas de hombres es la cultura machista. Aunque poco a poco esta forma de pensamiento está cambiando, todavía quedan muchos machistas: Hombres atados por un falso paradigma. Esta «filosofía» creó una imagen de hombría insensible, fría e inexpresiva. Para muchos hombres era importante ser machista. La rudeza, la agresividad, el trabajo duro y la capacidad para soportar el dolor sin llorar representaban la hombría. Ser emocional, ofrecer abrazos y afecto físico era humillante, pues los hacía sentir «afeminados» y débiles.

Hoy en día estos hombres se enfrentan al hecho de que la vida les exige algo que no pueden dar, porque hacerlo sería como renunciar a la hombría como la conciben. Es obvio que esto requiera una renovación del espíritu de su entendimiento. La Palabra del Señor y una buena experiencia con el bautismo del Espíritu Santo los transformará. Saldrán del claustro emocional donde se encontraban y comenzarán a dar frutos que traerán bendición a todo aquel que esté a su alrededor. ¡Amén!

## ¿Qué es amar según Dios?

Las Escrituras son muy fuertes con respecto a nuestra responsabilidad de expresar el amor. Veamos lo que nos dice sobre la preeminencia del amor:

> Si yo hablase lenguas humanas y angélicas, y no tengo amor, vengo a ser como metal que resuena, o címbalo que retiñe. Y si tuviese profecía, y entendiese todos los misterios y toda ciencia, y si tuviese toda la fe, de tal manera que trasladase los montes, y no tengo amor, nada soy. Y si repartiese todos mis bienes para dar de comer a los pobres, y si entregase mi cuerpo para ser quemado, y no tengo amor, de nada me sirve.
>
> 1 Corintios 13:1-3

Tenemos que entender a cabalidad el significado universal de este pasaje, pero también tenemos que entenderlo a la luz del matrimonio. Es aquí donde el apóstol Pablo, inspirado por el Espíritu Santo, detalló el amor para que este no fuera de definición relativa. Muchos escritores, poetas y autores de canciones han tratado de definir el amor, pero el apóstol ha logrado expresarlo con claridad, más de lo que muchos quisiéramos aceptar, ya que es una definición que nos deja sin aliento.

La definición de amor que nos da Dios no nos deja con la sensación erótica que despiertan los poetas, sino con un enorme sentido de responsabilidad e impotencia. Eso es para que entendamos que este estándar de amor solo lo obtenemos a través de una genuina relación con Cristo.

Analicemos el pasaje anterior verso a verso:

## Si no le expreso amor a mi cónyuge, mis oraciones a Dios solo hacen ruido en el cielo

1. **«Si yo hablase lenguas humanas y angélicas, y no tengo amor, vengo a ser como metal que resuena, o címbalo que retiñe».**

    Las paráfrasis se utilizan para dar una explicación o interpretación amplificada de un texto y de esa manera ilustrarlo o hacerlo más claro. Por lo tanto, quisiera parafrasear e interpretar el pasaje anterior aplicado a nuestra vida matrimonial de modo que tenga mayor sentido:

    > Si yo fuera una persona muy sociable, con habilidad para hablar de manera inteligente en público, capaz de rodearme de personas importantes e impresionarlos con mi discurso, en la iglesia soy muy elocuente y espiritual, hasta me comunico con Dios en otras lenguas, pero no sé expresarle amor a mi cónyuge, soy hueco y vano. Mis oraciones sonarán como un ruido disonante en el cielo. El hablar en lenguas no impresiona a Dios porque lo más importante para

Él es que aprenda a expresar mi cariño y amor romántico a mi cónyuge. Si me niego a hacerlo por la excusa que sea, el ruido de mis palabras cuando trate de comunicarme con Dios le traerá mucho disgusto. Tendrá que taparse los oídos.

Me parece que Dios nos enfrenta de modo muy profundo al apelar a nuestra conciencia de personas espirituales y religiosas a fin de que no nos engañemos a nosotros mismos. El ser humano adulto es capaz de dividir en departamentos su espiritualidad como si fuese posible desvincularla de nuestra vida cotidiana. En psicología se le llama esquizofrenia a algo parecido a esto.

La verdad de Dios es contundente: «El que ama a Dios, ame también a su hermano» (1 Juan 4:20). El asunto es que cuando se trata del amor matrimonial, no podemos conformarnos con brindar el amor que le damos a todo el mundo, pues el amor matrimonial se ubica en otra dimensión. Así como Dios no permite que seamos mediocres en nuestro amor por Él, tampoco permitirá que lo seamos en el amor por nuestro cónyuge. Esas son las dos relaciones más importantes que tenemos que cuidar porque son los únicos vínculos permanentes que existen debajo del sol.

# Aunque sea un ministro, si no manifiesto amor a mi cónyuge, nada soy delante de Dios

2. **«Y si tuviese profecía, y entendiese todos los misterios y toda ciencia, y si tuviese toda la fe, de tal manera que trasladase los montes, y no tengo amor, nada soy».**
La paráfrasis de este pasaje sería:

> Si yo fuera una persona de fe y de revelación, con un ministerio profético o apostólico, que enseñara la Palabra de Dios con mucha autoridad, que fuera muy comprometido con la iglesia y tuviera un ministerio próspero y

reconocido, pero fallo en expresar el amor a mi cónyuge, nada soy delante de Dios.

En varias oportunidades me han invitado a dar charlas sobre el matrimonio y temas de familia a diferentes iglesias. Mientras hablo, me ha parecido interesante la reacción de muchas de las esposas de pastores.

Al comienzo, abren sus ojos como si se asustaran por el mensaje. Digo «asustadas» porque en primer lugar expongo mi testimonio de cómo yo, siendo pastor, mantuve una doble vida, ya que manejé mi relación con mi esposa con mucha hostilidad y en la iglesia era «todo amor». Le faltaba el respeto con mucha regularidad, la culpaba y la criticaba por todo. Sin embargo, después llegaba a la congregación y me comportaba como si nada hubiera sucedido.

Esta revelación de nuestra intimidad como matrimonio pastoral parece desnudar varias situaciones semejantes. Al cabo de escuchar un rato, algunas mujeres no pueden contener las lágrimas. Cuando los hombres ven llorar a sus esposas, casi siempre deciden humillarse y reconocen en la presencia de Dios que aunque sean exitosos desde el punto de vista ministerial, han fracasado como amantes dentro del matrimonio.

Parte de lo que Dios va a usar para cautivar el corazón de la familia pastoral es el ambiente de cariño, las manifestaciones de afecto y la relación de intimidad en la pareja pastoral. Donde el evangelio cobra sentido ante los ojos de los niños, adolescentes y jóvenes es cuando el gozo de la pareja llena el hogar. Esa alegría y disfrute matrimonial es el mayor testimonio del poder de Dios. Hace a todos querer servirle.

Siempre habrá sus excepciones. Tengo que mencionarlo por la paz mental de algunos a quienes este mensaje sobre los hijos siguiendo la fe de sus padres les resulta amenazante. Siempre buscan que yo establezca el equilibrio, como si tuvieran temor a que les juzguen si alguno de sus hijos decidieran no seguir sus pasos. Por lo general, no hablo de las excepciones a fin de que los padres cómodos no descansen en ellas, sino que hagan lo que tienen que hacer para no sentirse culpables si los hijos deciden no amar y servir a Dios.

¿Complacidos? ¡Está bien! Aun así, que quede claro que supone que un árbol de naranjas produzca naranjas. Una planta de plátanos se supone que produzca plátanos. De igual manera, se supone que los padres cristianos produzcan hijos cristianos. De que hay sus excepciones, las hay, pero son tan pocas que no vale la pena destacarlo.

## DE NADA ME SIRVE SER GENEROSO Y SACRIFICARME POR HACER ACCIÓN SOCIAL, SI NO LE SUPLO LAS NECESIDADES DE AMOR A MI CÓNYUGE

3. **«Y si repartiese todos mis bienes para dar de comer a los pobres, y si entregara mi cuerpo para ser quemado, y no tengo amor, de nada me sirve».**
Al parafrasearlo lo diría así:

> Si fuera muy generoso con un corazón compasivo por los marginados y necesitados, y en la iglesia diezmara con fidelidad y, más aún, siempre fuera uno de los primeros en ayudar con ofrendas voluntarias a las diferentes causas, y hasta supiera sacrificarme sacando tiempo de mi trabajo para entregarlo por las misiones y sacrificar todo lo mío por los demás, pero me niego a darle el amor que mi cónyuge necesita, de nada me sirve lo que hago y todo lo que doy.

Cada comportamiento amable y desprendido fuera del matrimonio descrito con anterioridad, solo hace feliz al que lo practica y a los que reciben esos tratos especiales. Hasta cierto punto, es una crueldad desplegar toda esa generosidad, capacidad de agradar, servir y de darse de manera sacrificial y, al mismo tiempo, mantener al cónyuge a su lado, sediento y hambriento de atenciones de amor.

La palabra «prójimo» viene del latín *proxĭmus,* que significa «el más cercano». Esto destaca que todos los mandamientos de amor y unidad que las Escrituras nos imponen para ser considerados como hijos del Reino, tenemos que manifestarlos como prioridad a los más cercanos a nuestra vida. ¿Quiénes se suponen que sean nuestros *proxĭmus*? Es obvio que, en primer lugar, nuestro cónyuge y, luego, nuestros hijos. En el caso de los solteros, sus padres y hermanos.

## Un Dios de prioridades

Cuando enfrentaron a Jesús al preguntarle cuál era el primer mandamiento de todas las leyes de Dios y de su Reino, Él contestó:

> Y amarás al Señor tu Dios con todo tu corazón, y con toda tu alma, y con toda tu mente y con todas tus fuerzas. Este es el principal mandamiento. Y el segundo es semejante: Amarás a tu prójimo como a ti mismo. No hay otro mandamiento mayor que estos.
>
> MARCOS 12:30-31

Ante la cantidad de leyes y preceptos del Reino, Jesús estableció cuáles eran las prioridades por las que nos juzgarían. Podríamos descuidar algún día de congregarnos. Podríamos no haber ayunado todas las veces que debimos. Pudimos haber sido incoherentes en nuestro estudio de la Biblia, entre otros muchos actos piadosos. Sin embargo, lo que no se tolerará es que descuidemos lo más importante de la ley que es amar a Dios y amar a los más cercanos que tenemos en nuestra vida.

Todos los días tenemos que cultivar nuestra relación con Dios, así como alimentar nuestra relación matrimonial. Las consecuencias de desatender ambas responsabilidades no tardarán en manifestarse. Por eso, de las palabras de Jesús se puede inferir que si te dedicas a cultivar tu relación de amor con Dios cada día y te concentras en practicar el amor con tu cónyuge de manera coherente, tendrás amplia entrada al Reino de los cielos.

## Habrá maldición sobre la tierra por descuidar el amor familiar

Por lo tanto, Dios recompensará en gran medida el cultivo de las relaciones matrimoniales y familiares. Con igual intensidad se castigará el descuido irresponsable de nuestro deber conyugal y familiar. En lo personal, me sorprendieron cuando entendí el contenido de las palabras proféticas de Malaquías, al final del Antiguo Testamento.

> He aquí, yo os envío el profeta Elías, antes que venga el día de Jehová, grande y terrible. Él hará volver el corazón de los padres hacia los hijos, y el corazón de los hijos hacia los padres, no sea que yo venga y hiera la tierra con maldición.
> 
> Malaquías 4:5-6

Para los que están pensando que este pasaje no se ajusta a nosotros porque es del Antiguo Testamento, permítanme explicarles que esta es una profecía que habla de los últimos tiempos. Eso significa que tendrá cumplimiento en nuestros días. Por lo tanto, nunca ha tenido más vigencia que hoy. Si habrá maldición por descuidar nuestra relación con nuestros hijos, ¿qué no se dirá del descuido de nuestro amor matrimonial? Sin duda que será peor...

Si alguno se está preguntando por qué no se mencionó el matrimonio en la profecía de Malaquías, la respuesta es sencilla: Es imposible hacer volver el corazón de nuestros hijos si no lo hemos podido hacer con nuestro cónyuge. Nuestros hijos nunca nos van a comprar la idea si se sienten insatisfechos de cuánto nos amamos como esposos. Si lo que han visto en nosotros no les impresiona, tampoco se impresionarán cuando tratemos de convencerlos de cuánto los amamos.

Por lo tanto, los padres que gozan una excelente relación con sus hijos, y sienten su admiración y se apasionan por sus intereses, es debido a que la relación matrimonial es lo suficientemente saludable como para impartirles seguridad y certeza de permanencia. El acercamiento de estos padres hacia sus hijos se recibe con mucha receptividad y confianza.

## DONDE HAY BENDICIÓN Y UNCIÓN ALLÍ HAY AUTORIDAD ESPIRITUAL

El Salmo 133 trae una hermosa revelación de la unción derramada en lugares donde se manifiesta el amor y la comunión unos con otros.

> ¡MIRAD CUÁN BUENO Y CUÁN DELICIOSO ES HABITAR LOS HERMANOS JUNTOS EN ARMONÍA! ES COMO EL BUEN ÓLEO SOBRE LA CABEZA, EL CUAL DESCIENDE SOBRE LA BARBA, LA BARBA DE AARÓN, Y BAJA HASTA EL BORDE DE SUS VESTIDURAS; COMO EL ROCÍO DE HERMÓN, QUE DESCIENDE SOBRE LOS MONTES DE SION; PORQUE ALLÍ ENVÍA JEHOVÁ BENDICIÓN, Y VIDA ETERNA.
>
> SALMO 133:1-3

La Palabra describe ese ambiente como bueno y delicioso. Es rica y placentera la sensación de vivir en un ambiente de armonía. La unidad que se genera cuando habitamos juntos en armonía provoca que Dios derrame unción de lo alto. Esa unción de Dios es tan poderosa que Satanás no tiene poder en su contra. Por eso los ungidos de Jehová son intocables para el reino de las tinieblas. Los demonios no tienen acceso a los ungidos de Dios.

Un matrimonio que habita en unidad y armonía produce esta clase de bendición sobre sus vidas, y por eso gozan de una enorme autoridad espiritual contra las fuerzas del mal. Cuando una pareja ungida se pone de rodillas o junta sus manos para orar y reprender demonios, estos tienen que huir porque no resisten la unción de Dios. De la misma manera, una pareja sin unción, por más conocimiento bíblico que tenga, puede usar las palabras apropiadas y procurar expresarse con autoridad espiritual, pero no la posee. Esto se debe a que la autoridad de la unción viene como producto de la comunión y la armonía, y no por el conocimiento.

Cuando un matrimonio logra transmitir ese mismo espíritu en sus hijos, les imparte una gran autoridad espiritual. El Salmo 127:3-5 se refiere a esto:

> HE AQUÍ, HERENCIA DE JEHOVÁ SON LOS HIJOS; COSA DE ESTIMA EL FRUTO DEL VIENTRE. COMO SAETAS EN MANO DEL VALIENTE, ASÍ SON LOS HIJOS HABIDOS EN LA JUVENTUD. BIENAVENTURADO EL HOMBRE QUE LLENÓ SU ALJABA DE ELLOS; NO SERÁ AVERGONZADO CUANDO HABLARE CON LOS ENEMIGOS EN LA PUERTA.

## NUESTROS HIJOS, ¿ARMAS DE GUERRA?

La Palabra describe a los hijos «como saetas en manos del valiente» (Salmo 127:4). En otras palabras, estos se convierten en armas de guerra. Si lo aplicamos al mundo espiritual, significa que cuando los hijos son investidos de la unción de sus padres, este salmo les llama valientes y la autoridad espiritual se magnifica en ellos haciéndose más poderosos que sus padres. Entonces, los hijos son las armas de guerra que poseen los valientes para enfrentarse a sus enemigos espirituales. Es más, los padres no serán avergonzados cuando se enfrenten a sus enemigos espirituales que amenazan a la familia.

Hay guerras que se ganan o se evitan con solo mostrarle al enemigo las armas de ofensiva que posee la nación. Cuando el enemigo se da cuenta de lo poderosas que son las armas que van a utilizar en su contra, muchas veces deciden retirarse. Cuando nosotros los padres hemos logrado vivir en armonía matrimonial y así les hemos enseñado a convivir a nuestros hijos, solo tenemos que invitarlos a orar y hacer guerra espiritual cuando sentimos que nos están amenazando las fuerzas del mal. Es como exhibir ante los demonios nuestra capacidad bélica, nuestros hijos, para enfrentarlos; y cuando se dan cuenta de lo poderosos que son nuestros soldados de primera fila, retrocederán de inmediato. Nunca nos vencerán... ¡Amén!

# capítulo 7

# EL PRECIO DE SER FELIZ

Todo el mundo quiere ser feliz. Es normal y natural que todos lo pretendamos. El problema es que muchos creen que no cuesta trabajo conseguir la felicidad, que no duele, que no se sufre. Si la experiencia no trae esfuerzo, dolor y sufrimiento, no puede ser felicidad. Por eso es que muchos piensan que la felicidad no existe. Este pensamiento es falso por completo. Llegar a esa conclusión puede hacernos caer en un estado de decepción por la vida que nos quite las fuerzas de querer vivir con intensidad. Esa idea engañosa puede incapacitarte para crecer como ser humano.

El libro de la sabiduría, la Biblia, es muy claro al respecto. Describe el amor con un violento sentido de sinceridad. No lo idealiza con romanticismo. Lo presenta tal como es y cómo se debe practicar:

> EL AMOR ES SUFRIDO, ES BENIGNO; EL AMOR NO TIENE ENVIDIA, EL AMOR NO ES JACTANCIOSO, NO SE ENVANECE; NO HACE NADA INDEBIDO, NO BUSCA LO SUYO, NO SE IRRITA, NO GUARDA RENCOR; NO SE GOZA DE LA INJUSTICIA, MAS SE GOZA DE LA VERDAD. TODO LO SUFRE, TODO LO CREE, TODO LO ESPERA, TODO LO SOPORTA. EL AMOR NUNCA DEJA DE SER.
>
> 1 CORINTIOS 13:4-8

## EL AMOR ES SUFRIDO

Basado en esta verdad bíblica que tanto cuesta aceptar, el amor sí sufre o, mejor dicho, «todo lo sufre». Por el simple hecho de amar, ya se sufre. El que no sufre es porque no ama. El amor cuesta. A Dios le costó amar. Le costó sacrificar a su único Hijo. El amor duele. En este mundo no hay nada ideal. Por lo tanto, el que ama tendrá que soportar en amor al imperfecto. El único amor ideal que existe forma parte del Reino de Dios.

En conclusión, al que ama y es fiel, al que acepta la Palabra y quiere obedecer al Señor, le va a costar mucho mantenerse amando. Tener que resistir su propia carne cuando esta quiere rebelarse y rechazar al cónyuge será una de las cosas más difíciles que tendremos que vivir. Sin embargo, aunque sea duro obedecer, en ello está la vida en abundancia que prometió Jesús. De manera que si el Libro de la Sabiduría te recomienda hacer algo, sigue las instrucciones por fe e intenta hacerlo a la manera de Dios para ver si cambian tus circunstancias. Te aseguro que cambiarán.

Es posible que todo lo que tienes por dentro te diga: «¡Quiero el divorcio!». No obstante, si la Escritura ordena: «No te separes de tu marido o de tu esposa, mientras consienta estar a tu lado», sé fiel y mantente ahí (véase 1 Corintios 7:12-13). Guárdate íntegro. Entonces, si lo haces, tienes que hacerlo de corazón, no a regañadientes. La obediencia a Dios tiene que ser íntegra en cuerpo, alma y espíritu. En otras palabras, debes buscar el rostro de Dios para que Él ponga en ti tanto el querer como el hacer. Si todo lo que tienes por dentro no quiere y Dios te dice: «Quiero que quieras», solo Él puede hacerte querer algo que no querías, pero tienes que disponerte para que Él obre.

> POR TANTO, AMADOS MÍOS, COMO SIEMPRE HABÉIS OBEDECIDO, NO COMO EN MI PRESENCIA SOLAMENTE, SINO MUCHO MÁS AHORA EN MI AUSENCIA, OCUPAOS EN VUESTRA SALVACIÓN CON TEMOR Y TEMBLOR, PORQUE DIOS ES EL QUE EN VOSOTROS PRODUCE ASÍ EL QUERER COMO EL HACER, POR SU BUENA VOLUNTAD. HACED TODO SIN MURMURACIONES Y CONTIENDAS, PARA QUE SEÁIS IRREPRENSIBLES Y SENCILLOS, HIJOS DE DIOS SIN MANCHA EN MEDIO DE UNA GENERACIÓN MALIGNA Y PERVERSA, EN MEDIO DE LA CUAL RESPLANDECÉIS COMO LUMINARES EN EL MUNDO; ASIDOS DE LA PALABRA DE VIDA, PARA QUE EN EL DÍA DE CRISTO YO PUEDA GLORIARME DE QUE NO HE CORRIDO EN VANO, NI EN VANO HE TRABAJADO.
>
> FILIPENSES 2:12-16

Sin duda, el proceso de disponerte a amar a alguien que no quieres va a doler. ¡Claro que sí! Con todo, hazlo sin murmuraciones ni contiendas. No te quejes... ¡Aférrate con fuerza a Dios!

Por eso el amor es sufrido.

## EL AMOR ES BENIGNO

El Evangelio de Lucas define muy bien lo que es ser benigno:

> PORQUE SI AMÁIS A LOS QUE OS AMAN, ¿QUÉ MÉRITO TENÉIS? PORQUE TAMBIÉN LOS PECADORES AMAN A LOS QUE LOS AMAN. Y SI HACÉIS BIEN A LOS QUE OS HACEN BIEN, ¿QUÉ MÉRITO TENÉIS? PORQUE TAMBIÉN LOS PECADORES HACEN LO MISMO. Y SI PRESTÁIS A AQUELLOS DE QUIENES ESPERÁIS RECIBIR, ¿QUÉ MÉRITO TENÉIS? PORQUE TAMBIÉN LOS PECADORES PRESTAN A LOS PECADORES, PARA RECIBIR OTRO TANTO. AMAD, PUES, A

> VUESTROS ENEMIGOS, Y HACED BIEN, Y PRESTAD, NO ESPERANDO DE ELLO NADA; Y SERÁ VUESTRO GALARDÓN GRANDE, Y SERÉIS HIJOS DEL ALTÍSIMO; PORQUE ÉL ES BENIGNO PARA CON LOS INGRATOS Y MALOS. SED, PUES, MISERICORDIOSOS, COMO TAMBIÉN VUESTRO PADRE ES MISERICORDIOSO.
>
> LUCAS 6:32-36

Este es uno de los frutos del Espíritu más difícil de obedecer, ya que se trata de devolver un bien por un mal recibido. Es todo lo opuesto a «ojo por ojo y diente por diente». Es bendecir al que me maldice y tratar con mansedumbre al que me trata con aspereza. Es ser misericordioso con el egoísta y servirle con fidelidad al desconsiderado. *¡Ayayay!*

Aquí es donde tenemos que correr a los pies del Señor y decirle con todas nuestras fuerzas: «¡Ayúdame, Señoooor! ¡Por favor, que los frutos de ser benigno se vean proontooo!». Si buscas el rostro del Señor en momentos como estos, créeme que verás su mano sobrenatural socorrerte.

Aunque difícil, sin embargo, es uno de los frutos más poderosos en cuanto a resultados se refiere. La benignidad es lo que más avergüenza a los ofensores, pues hace que su maldad aflore con claridad y que se haga patente su mal carácter. Esta es la actitud más eficaz que ha traído a los inconversos a los pies de Jesús porque la gente se convence de la presencia de Dios en ti. Es la actitud que más provoca a que te respeten los demás, incluso tus enemigos.

## EL AMOR NO TIENE ENVIDIA

La definición de la palabra «envidia» es: «Tristeza o pesar del bien ajeno»[6].

Aunque parezca increíble, hay hombres que experimentan sentimientos de tristeza por el bien de su esposa, sobre todo cuando ella recibe un aumento salarial, promociones o ascensos en su puesto de trabajo que representan una prosperidad con la que sienten que no pueden competir. En vez de alegrarse y respaldarla en su nueva función profesional, responden con actitud de aspereza e irritabilidad porque como hombres se sienten amenazados en lo emocional.

Si su esposa lo invita a una actividad social de su trabajo, prefiere no asistir porque le da vergüenza la posición que ocupa en comparación con sus logros personales. Sin duda alguna, esta molestia interna no es otra cosa que envidia. El amor no es así. Si en algún momento surgiera ese sentimiento, hay que llevarlo a la cruz de Cristo.

La otra definición de envidia es: «Emulación, deseo de algo que no se posee»[7].

Hay mujeres que sienten una incomodidad interna porque consideran que los hombres son los privilegiados de la sociedad. Creen que son los que llevan la parte más fácil de las responsabilidades familiares y que tienen determinadas «libertades» que no poseen ellas. Asimismo, les parece injusto que sean los que tengan siempre la autoridad. A decir verdad, son mujeres que envidian la autoridad de los hombres y no pueden ser del todo felices a su lado porque resienten el papel que les impuso la sociedad. Todo el que ama con el amor de Dios se goza del lugar que le tocó asumir dentro de la creación y respeta el orden que se le dio en el matrimonio. La mujer que ama así, disfruta su papel y lo ejecuta al cien por cien con excelencia, sin darle importancia a lo que le dicta su lógica.

Además, la mujer que entiende cuál fue el lugar que Dios le dio en la creación no querrá el lugar que ocupa el hombre. Las que leyeron mi libro anterior *La mujer, el sello de la creación*, saben a lo que me refiero.

## El amor no es jactancioso

La definición de «jactancia» es la siguiente: «Alabanza propia, desordenada y presuntuosa». La Palabra de Dios nos enseña que debemos aprender a moldear nuestro carácter conforme a Jesús:

> Nada hagáis por contienda o por vanagloria; antes bien con humildad, estimando cada uno a los demás como superiores a él mismo; no mirando cada uno por lo suyo propio, sino cada cual también por lo de los otros. Haya, pues, en vosotros este sentir que hubo también en Cristo Jesús, el cual, siendo en forma de Dios, no estimó el ser igual a Dios como cosa a que aferrarse, sino que se despojó a sí mismo, tomando forma de siervo, hecho semejante a los hombres; y estando en la condición de hombre, se humilló a sí mismo, haciéndose obediente hasta la muerte, y muerte de cruz. Por lo cual Dios también le exaltó hasta lo sumo, y le dio un nombre que es sobre todo nombre.
>
> FILIPENSES 2:3-9

> [Jesús dijo:] Aprended de mí, que soy manso y humilde de corazón; y hallaréis descanso para vuestras almas.
>
> MATEO 11:29

Hay hombres que se jactan de su posición y su forma de proyectarse es muy autoritaria. Hacen sentir a sus esposas e hijos como «ciudadanos de segunda» dentro de su hogar, porque él es el único rey y señor. Jesús era Rey y Señor, pero nunca se aferró a eso, sino que vino a servir entre nosotros. De la misma manera, todo el que tiene verdadera autoridad no debe jactarse de ella porque de esa manera demuestra su inseguridad.

Los jactanciosos son personas con una identidad herida que obtienen seguridad propia intimidando a los demás. Funcionan con un régimen de terror. Sus familias les temen, pero no los respetan.

La jactancia es una especie de orgullo que lo hace ser perfeccionista y por eso trata a los demás como torpes. El que es así, tiende a ser rezongón y crítico. Se le hace difícil enseñar porque su jactancia le hace ver a los demás como «brutos» y por eso pierde la paciencia con facilidad. El jactancioso reprocha mucho a los demás porque le fastidia que no puedan ver las cosas con tanta claridad como las ve él.

El que ama procura vivir por las recomendaciones enunciadas en este pasaje de Filipenses. El que ama actúa con humildad. Aun siendo una persona con muchas capacidades, sin embargo, trata a los demás como si fueran superiores a sí mismo. Sabe honrar a los que están bajo su autoridad. No se aferra a la posición que ocupa porque cree más en la persuasión amorosa que en la intimidación del poder. El que se jacta es presuntuoso. Le gusta impresionar para que otros le sirvan, mientras que el que ama prefiere servir aunque tenga de qué gloriarse.

## El amor no se envanece

La definición de «envanecer» es la siguiente: «Causar o infundir soberbia o vanidad a alguien»[8]. Entonces, alguien con «vanidad» se caracteriza por ser «vano». Es decir, «falto de realidad, sustancia o entidad. Hueco, vacío y falto de solidez»[9]. En otras palabras: «El amor sea sin fingimiento» (Romanos 12:9).

No debemos asumir actitudes mediocres ni poco apasionadas. El amor «vano» es ofensivo porque muestra cansancio y poco compromiso. Podemos sentirnos huecos por descuido de la relación, pero tenemos la responsabilidad de volver a alimentarla de modo que gane sustancia y sentido.

Si Dios nos pide amar, tenemos que hacerlo de corazón y de buena gana. La actitud de amar con «cuentagotas» es amar de manera fingida. El verdadero amor procura hacer las cosas genuinamente; y si no se siente así, procura hacerlo como si lo sintieras. La alternativa sabia no es dejarlo de hacer porque no lo sintamos y no queremos ser «hipócritas». La persona madura actúa en amor aunque no tenga ganas. El verdadero amor actúa con pasión no solo cuando lo siente, sino que decide actuar conforme al amor porque quiere ser siempre una persona amorosa, sin tener en cuenta si los demás se lo merecen o no.

Precisamente así es Dios. Él nos pide que lo imitemos en esto, que le obedezcamos aunque no lo sintamos. La lógica de nuestra mente nos dice que no debemos hacer nada que no sintamos y que no fluya de nuestro interior. Satanás, por su lado, también nos atormenta con la acusación de que intentarlo es ser hipócrita. Yo también pensaba así, pero un día mientras oraba, el Espíritu Santo me dijo al corazón: «No llames hipocresía lo que Yo he llamado obediencia». Con el impulso de esta palabra aprendí a hacer lo que es debido, independientemente de cómo me sienta. Entendí que el corazón es engañoso. Por eso, no se le puede hacer caso.

Por lo tanto, nunca ames en silencio ni a medias debido a cómo te sientes. Hazlo por conciencia, por obediencia. Hazlo de manera que se te note. Ese es el único amor que da frutos... «el que se nota».

## El amor no hace nada indebido

La definición de la palabra «indebido» es: «Ilícito, injusto y falto de equidad»[10].

El que ama, no pone en riesgo la relación haciendo cosas ilícitas ni fuera de la ley. El que ama procura ser fiel. Así es que si se encuentra en alguna situación de peligro, donde por ejemplo una tentación lo está debilitando y vislumbra una caída, mejor es hablar que hacer algo ilícito. Habla a tiempo para no tener que lamentarse de algo peor. Alguien que asume la iniciativa de hablar da más confianza que el que fue descubierto en alguna falta. Se arriesga a hablar de sus debilidades.

El que ama es equitativo, y para serlo tiene que tener oídos para oír. No juzga por apariencias las circunstancias, ni salta a conclusiones sin antes hacer las preguntas «de rigor» para asegurarse de no reprochar, o mejor dicho, amonestar por algo que no entendía bien por falta de información. Es irritante recibir un sermón por algo que no entiende el que sermonea. Por eso, el necio pasa por sabio cuando aprende a callar para escuchar bien a los demás.

Así es que cuando llegues a casa y tus expectativas en cuanto a lo que esperabas ver realizado no se cumplen, antes de llegar a conclusiones a la ligera, tómate el tiempo de antes dar amor a los que están allí, y luego pregunta cuál fue el motivo. Pregunta el porqué no se dio lo que esperabas, para entonces hablar al respecto. Además, recuerda que las responsabilidades del hogar y la familia son compartidas. Lo justo y razonable es que mientras uno esté trabajando en los quehaceres domésticos, también lo esté el otro. Cuando hayan acabado, ambos se sentirán satisfechos y deseosos de entrar en «otro tipo de quehaceres» mucho más placenteros...

# El amor no busca lo suyo

Esta es la definición más cercana a la palabra «egoísta». Todos tenemos algo de egoísmo y viene con el paquete de nacimiento. Por eso tenemos que cuidarnos mucho, ya que este sentimiento puede manifestarse en nosotros sin darnos cuenta.

Una de las cosas más hermosas del amor es cuando asumimos la iniciativa para darnos por el otro. Es cuando sorprendemos al ser amado con un servicio inesperado. Es cuando nos preocupamos por complacer antes de ser complacidos. Si nos han complacido, debe ser porque nuestro cónyuge asumió la iniciativa, aun cuando no necesariamente sus necesidades estaban satisfechas, ni porque aprendimos a darnos primero.

Por ejemplo, el amor erótico o sexual debe tener mucho de esto. El sexo opuesto no conoce la naturaleza sexual del otro. Por eso tenemos que preocuparnos por aprender sobre las necesidades y características sexuales de nuestro cónyuge a fin de complacerlo al máximo. El que no es egoísta disfruta mucho al ver lo eficiente que es cuando le ofrece placer a su cónyuge. El ser complacido es un elemento secundario, porque el complacer es lo que más le interesa. Cuando ayuda u orienta a su cónyuge en cómo complacerle, lo hace con paciencia porque esa no es su mayor motivación.

El egoísta mantiene un estilo de vida y lo protege aunque sea en detrimento de su cónyuge y su familia. Quiere seguir viviendo su vida de soltero y no acepta reconocer que el matrimonio exige que renunciemos a un sinnúmero de cosas, pues ahora tenemos otras responsabilidades más apremiantes que asumir. El matrimonio se diseñó para que estemos juntos en todo. Y cuando digo «todo» es «todo». Es injusto y egoísta de nuestra parte vivir como si una sola persona fuera la que tuvo que hacer el pacto de asumir todos los sacrificios de mantener el matrimonio y la familia. El egoísta reclama mucho y se queja del esfuerzo de tener que trabajar y «reventarse el espinazo», como dicen algunos, tal como si eso fuera lo único que requiera las responsabilidades familiares. El egoísta tiene mucha lástima de sí mismo y por eso reclama la necesidad de entretenerse aunque el otro no pueda hacerlo.

Por lo general, el que desarrolla la habilidad de complacer cosecha más de lo que ha sembrado...

## El amor no se irrita

Cuando se hace referencia a que «el amor no se irrita», tengo que suponer que significa que la persona no queda sulfurada. Procura drenar sus emociones en Dios para que estas no afecten su comportamiento. Las mismas Escrituras enseñan que es natural que sintamos ira, pero no tenemos excusa para pecar porque alguien nos provocó.

> Airaos, pero no pequéis; no se ponga el sol sobre vuestro enojo, ni deis lugar al diablo.
>
> Efesios 4:26-27

Tenemos espacio para airarnos porque este es un sentimiento que no podemos evitar. Sin embargo, tenemos el control de evitar pecar como consecuencia de lo que sentimos en ese momento. Así que es legítimo sentir ira, pero no es legítimo reaccionar sin control presentando como excusa que lo «provocaron».

El «no pequéis» incluye que «no se ponga el sol sobre vuestro enojo». Esto implica que podemos «rumiar» el problema durante el transcurso del día, pero en algún momento, antes de terminar la noche, tenemos que resolver lo ocurrido. Si nos acostamos enojados y sin resolver nuestro sentir, le estamos «dando lugar al diablo». El enojo es tierra fértil para que Satanás siembre la semilla de la cizaña y la contienda. El tiempo agrava el resentimiento y alimenta la rebeldía. Por lo tanto, tenemos que actuar lo antes posible. El uso del tiempo para castigar a tu cónyuge con el alejamiento es un bumerán que te va a retribuir con creces.

Hablar con tu adversario en un ambiente de respeto, a fin de ponerte de acuerdo con el propósito de reconciliarse y llegar a una mejor posición, es darle el lugar a Dios. Cuando el propósito de la conversación es la reconciliación, se nota por el estilo que utilizamos para comenzar el diálogo. No obstante, cuando el propósito es pelear o, mejor dicho, ganar la discusión, se nota también por el estilo que se utiliza.

El amor no se irrita...

## El amor no guarda rencor

La definición de la palabra «rencor» es: «Resentimiento arraigado y tenaz»[11].

El verdadero amor no permanece recordando el momento de la herida ni la ofensa. Sabe que ese ejercicio mental puede ser morboso y no lleva a nada bueno. Por eso, el verdadero amor perdona antes de que se le pida perdón. Sin embargo, el que espera el arrepentimiento del otro se estará resintiendo y se amarrará más al dolor original que causó la ofensa. A eso se le añadirá el dolor que causa que no se cumplan sus expectativas.

El que guarda rencor se arriesga a que cuando al final venga el ofensor a asumir la responsabilidad sobre «sus faltas», ya no quiera ni escucharle, ni reconciliarse. Ese punto de rencor se define como amargura.

> Seguid la paz con todos, y la santidad, sin la cual nadie verá al Señor. Mirad bien, no sea que alguno deje de alcanzar la gracia de Dios; que brotando alguna raíz de amargura, os estorbe, y por ella muchos sean contaminados.
>
> Hebreos 12:14-15

Tenemos que cuidarnos mucho de esta mala actitud porque amargarse es muy peligroso. La amargura nos ciega e insensibiliza a la voz del Espíritu Santo. Nos ata con tanta tenacidad que será muy difícil librarse de ella después que se ha apoderado del corazón. Es uno de los sentimientos que nos puede llevar a la fatal decisión de dejar de amar.

Dios es el especialista en sanar amarguras del corazón. Debemos correr a sus pies para derramar todo el veneno que hay dentro y dejarlo que tome el control de nuestro corazón. Cree con toda fe que el Espíritu Santo vendrá a tu encuentro para ayudarte. Él te aconsejará, pero ten en cuenta que lo que dirá y las instrucciones que recibirás no necesariamente te van a gustar. No obstante, si estás dispuesto a obedecer, serás bendecido y prosperado más allá de tus expectativas.

## El amor no se goza de la injusticia

¿Conocen la famosa frase «¡Te lo dije!»?

Por lo general, se utiliza cuando se han hecho las advertencias necesarias para evitar que el cónyuge cometa un error, pero al no tomar las recomendaciones obtiene resultados negativos. Cuando llega la mala noticia del error cometido, nace de repente la frase (como si se gozara en hacerlo): «Te lo dije».

Estas palabras se dicen con una mezcla de molestia y orgullo porque a la larga se probó que tenías la razón. El verdadero amor no actúa así porque entiende que la experiencia fue suficiente para enseñar a la otra persona, y no quiere agregarle humillación a lo que ya debe estar sintiendo porque sabe que se le advirtió. Debo añadirle a esto que la persona que no fue sensible a las recomendaciones de su cónyuge, si tomó la decisión por terquedad, debería disculparse cuando traiga la mala noticia del fracaso. No hacerlo también es orgullo. Volviendo al punto original, la actitud arrogante también se ajusta a algunos cuando su cónyuge, por ejemplo, le informa que sufrió un accidente automovilístico y entonces le responden: «Me alegro que te haya ocurrido. ¿Cuántas veces te advertí que manejaras con más cuidado?». Creo que esos son momentos en los que tenemos que identificarnos con el dolor ajeno y no golpear sobre la herida. Esa actitud es cruel y es condenable delante de Dios. El amor no se goza de la injusticia.

Sé que es difícil amarrarse la lengua y aguantar el placer de desahogar toda la frustración que sientes al saber que si te hubieran hecho caso se hubiera evitado el problema y que la experiencia te dio toda la razón. Aun así... hay que encerrarse en privado con Dios, llorar y desahogarse con Él de modo que cuando salgas de allí, puedas mantenerte en paz y servir a tu esposo, si ese fuera el caso. Tu silencio entristecido le va a doler más que todo lo que le hubieses dicho.

## El amor se goza de la verdad

Suena bonita la frase «el amor se goza de la verdad» hasta que se trata de una verdad que duele. Hay verdades que duelen porque nos enfrentan a nuestros errores, nuestra inmadurez, nuestras debilidades de carácter, nuestra falta de liderazgo o nuestras imprudencias. Cuando nuestros cónyuges nos afrontan con esas verdades, podemos reaccionar de dos formas: Nos gozamos de la verdad, en el sentido de que aprendemos a aceptarla aunque esta no nos favorezca, o la rechazamos por el hecho de que nos está haciendo ver mal. La humildad acepta la verdad aunque duela.

Por lo tanto, ayudaría muchísimo si a la hora de conversar o discutir algún problema entre ambos, asumes un fuerte compromiso con la verdad. De ahí que siempre debamos identificar la verdad y aceptarla con palabras. Asimismo, que debamos confesarle a nuestro cónyuge que reconocemos que tiene razón, que es cierto lo que nos está diciendo y que aceptamos la corrección con el compromiso de tomar las medidas correspondientes.

Sin embargo, resulta muy difícil aceptar la verdad cuando nos la «estrujan» con actitudes irrespetuosas. Hay personas que cuando tienen la verdad, la expresan de manera hiriente porque esta actitud las hace sentir poderosas debido a la autoridad intrínseca de la razón. A estas personas se les olvida que cuando no manejan la verdad con mansedumbre se pierde la autoridad que poseen.

Como a la verdad hay que amarla independientemente de cómo nos la comuniquen, aun si te faltaron el respeto enfrentándote con una verdad, acéptala porque es la verdad. Una vez que expresas que lo sientes y pides perdón por el agravio cometido, puedes decirle que agradecerías que la próxima vez te lo dijera utilizando un estilo más amable. El hecho de haber aceptado con humildad el «regaño» hará que cuando le pidas con mansedumbre que la próxima vez lo haga con más respeto, quizá se avergüence y se disculpe. Este es el fruto de amar la verdad «aunque te la estrujen en la cara».

## El amor todo lo sufre

Ya hemos hecho referencia a este aspecto del amor. El amor se preocupa, quiere proteger y, en el proceso, sufre por la posibilidad de que ocurra algo. Quiere lo mejor para su cónyuge, y cuando eso no sucede, sufre. Ahora bien, a la hora de soportar con paciencia y en amor las malas actitudes de su cónyuge, sufrirá de manera irremediable porque duele ver y oír esas reacciones. No obstante, también duele el querer actuar como lo siente la carne y no poder porque quiere agradar a Dios.

> OS RUEGO QUE ANDÉIS COMO ES DIGNO DE LA VOCACIÓN CON QUE FUISTEIS LLAMADOS, CON TODA HUMILDAD Y MANSEDUMBRE, SOPORTÁNDOOS CON PACIENCIA LOS UNOS A LOS OTROS EN AMOR, SOLÍCITOS EN GUARDAR LA UNIDAD DEL ESPÍRITU EN EL VÍNCULO DE LA PAZ.
>
> EFESIOS 4:1-3

La esperanza del que soporta es que terminará cosechando lo que ha sembrado. Se trata de personas que creen en dar oportunidades de crecimiento a los demás, y en este caso, a su cónyuge. Saben que todos tenemos algunas esferas de nuestra vida subdesarrolladas y que parte del resultado de vivir en armonía es soportarnos con paciencia en amor, en lo que se completa el fruto de nuestra paciencia. Aunque ese proceso es doloroso, a la larga toma carácter de satisfacción porque sentimos que ambos estamos creciendo, madurando y cometiendo cada vez menos errores. Todo eso es positivo.

En el verso anterior la palabra «solícitos» revela que requerirá esfuerzo guardar la unidad. No será fácil, pero es posible porque «todo lo puedo en Cristo, que me fortalece».

## El amor todo lo cree

El amor fundado sobre un pacto de fidelidad y confianza es muy importante porque el que ama tiene que confiar en la persona amada. Tenemos que creer el uno en el otro, y si no podemos, no vale la pena estar juntos. Por eso es que los que aman en verdad con un amor maduro, no se celan.

Si tu cónyuge te falló, no restaures la relación si no estás seguro de que aprendió la lección y ha superado lo que le llevó a caer. Mientras no demuestre haber cambiado su estilo de vida, no restaures la relación. No temas perderlo por mantenerte firme mientras la otra persona asume la responsabilidad por sus errores. Sepárense si tienen que hacerlo, hasta que tu cónyuge te convenza, fuera de toda duda, que no volverá a incurrir en esas acciones deshonestas. Ahora bien, cuando se reconcilien, tienen que hacer un pacto de confianza basado en los frutos que han demostrado ambos. En ese pacto estarán declarando bajo juramento que creerán el uno en el otro de nuevo.

Es una agonía mantener una relación por conveniencia, por temor a la soledad o por temor a la escasez económica. Están juntos, pero no pueden creer ni confiar en el otro. A cada momento los atacará la inseguridad y la sospecha, lo que los inducirá a investigar y a reprochar exigiendo explicaciones. Esto añadirá mucho estrés a la relación. «No hay mal que dure cien años, ni cuerpo que lo resista», es un refrán de mi barrio que expresa lo difícil que es vivir en un ambiente de malas actitudes. Los celos deterioran toda relación.

> EN EL AMOR NO HAY TEMOR, SINO QUE EL PERFECTO
> AMOR ECHA FUERA EL TEMOR; PORQUE EL TEMOR LLEVA
> EN SÍ CASTIGO. DE DONDE EL QUE TEME, NO HA SIDO
> PERFECCIONADO EN EL AMOR.
>
> 1 JUAN 4:18

El Libro de la Sabiduría categoriza el celo como algo muy desagradable. Es una desconfianza crasa, un sentido de inseguridad que se fundamenta en el temor y no en el amor.

> ¿QUIÉN ES SABIO Y ENTENDIDO ENTRE VOSOTROS? MUESTRE POR LA BUENA CONDUCTA SUS OBRAS EN SABIA MANSEDUMBRE. PERO SI TENÉIS CELOS AMARGOS Y CONTENCIÓN EN VUESTRO CORAZÓN, NO OS JACTÉIS, NI MINTÁIS CONTRA LA VERDAD; PORQUE ESTA SABIDURÍA NO ES LA QUE DESCIENDE DE LO ALTO, SINO TERRENAL, ANIMAL, DIABÓLICA. PORQUE DONDE HAY CELOS Y CONTENCIÓN, ALLÍ HAY PERTURBACIÓN Y TODA OBRA PERVERSA. PERO LA SABIDURÍA QUE ES DE LO ALTO ES PRIMERAMENTE PURA, DESPUÉS PACÍFICA, AMABLE, BENIGNA, LLENA DE MISERICORDIA Y DE BUENOS FRUTOS, SIN INCERTIDUMBRE NI HIPOCRESÍA. Y EL FRUTO DE JUSTICIA SE SIEMBRA EN PAZ PARA AQUELLOS QUE HACEN LA PAZ.
>
> SANTIAGO 3:13-18

El amor se caracteriza por la confianza plena en la persona que se ama. Tu cónyuge tuvo que haberse ganado la confianza para poderle entregar tu vida y dedicarle el resto de tu futuro. A fin de que pueda ser la persona que comparta la paternidad junto a ti tiene que haber mostrado los frutos necesarios que te brinden un alto grado de confianza al demostrarte que es un ser humano idóneo para ayudarte a criar tus hijos. Por lo tanto, si pudo probarlo y se ganó tu confianza, tienes que descansar en su carácter y nunca celarlo.

Los celos son destructivos porque juzgan al otro y lo ponen en un lugar de desconfianza donde el amor de ambos se mina y se desgasta la relación en gran medida. El celo pone en duda la integridad y la moral del otro. Los celos son posesivos y a nadie le gusta sentirse propiedad de otro. Por lo tanto, resultará en alejamiento y desilusión. Cuando el que cela descubre que se equivocó, podrá pedir perdón, pero el mal ya está hecho. Además, el celado sabe que es cuestión de tiempo porque en cualquier momento volverá a brotar la raíz del celo y atacará de nuevo.

Los celos son sentimientos de inseguridad y de inferioridad. Su raíz quizá fuera una infidelidad o la acumulación de complejos de inferioridad. Cuando ve a alguien con atributos físicos que no posee la persona, se siente amenazada. Entonces se enfrenta contra quien no tiene la culpa, contra quien decidió amarle tal como es.

Los celos solo pueden entenderse si la relación que mantiene con la otra persona es producto del adulterio, ya que la mayoría de los que cometen adulterio en algún momento temen ser víctimas de su propia trampa. La otra razón por la que se puede entender, obviamente, es cuando dentro de la relación hubo infidelidad. Ahora bien, si hubo una restauración eficaz, no se supone que existan celos porque durante el proceso de restauración el ofensor debió haber probado fuera de toda duda que es otra persona, que aprendió la lección, que creció, maduró y pagó un precio que merece un buen grado de confianza.

## El amor todo lo espera

La gracia de la espera... Esa es la capacidad de sostenerse creyendo que verá los resultados para lo cual ha sembrado. Es como la fe del agricultor que siembra y espera, en algunos casos por mucho tiempo, hasta que obtiene el fruto. En toda relación de amor ocurre lo mismo. El que ama espera con paciencia ver cambios en el comportamiento del otro con la confianza de que lo que ha modelado traerá cambios favorables.

Cuando las expectativas que tenemos de nuestro cónyuge son positivas, siempre esperamos lo bueno de ellos. Cuando nuestras expectativas son negativas, ya tenemos el prejuicio de que vendrá con algo malo.

Esto último va en detrimento de la relación porque cuando el cónyuge comienza a cambiar de forma favorable y manifiesta buenos frutos, la reacción inmediata puede ser la incredulidad. Por lo general, pensamos: «Vamos a ver cuánto tiempo le dura». Es obvio que estas actitudes de incredulidad y prejuicio se reflejen de alguna manera y la persona que está luchando por cambiar se frustre porque siente que no está recibiendo una recompensa por su esfuerzo.

Por eso, el verdadero amor todo lo espera. Practica el profetizar sobre tu cónyuge. Cuando durante tus oraciones recibas una impresión del Espíritu Santo de que tu cónyuge se convertirá en una persona con un llamado de parte de Dios, comienza a anunciarle por fe lo que va a ocurrir. Explícale con certeza y seguridad eso en lo que se convertirá. Hazlo con mucha alegría aun cuando tu cónyuge se ría y te tilde de loco. Espera con una convicción tal, que empieces a tratarlo como si ya se hubiera cumplido la profecía. Esta es la aplicación de la Ley del camaleón en el contexto del matrimonio. Es la capacidad de ver el potencial superior del otro y tratarlo con esa expectativa, convencido de que lo va a alcanzar.

El verdadero amor todo lo espera...

## EL AMOR TODO LO SOPORTA

La definición de «soportar» es la siguiente: «Sostener o llevar sobre sí una carga o peso»[12]. La capacidad de tolerancia del que sabe amar como Dios es enorme. El que ama reconoce que no está casado con Jesús, y en el caso de los hombres, estos saben que no están casados con un ángel. Por lo tanto, el amor sabe que tenemos el llamado a cubrir las faltas de los demás.

Todos tenemos muchas cosas que corregir en el camino, pero el proceso se puede acelerar o retrasar dependiendo del ambiente donde nos desarrollemos. Si el ambiente es crítico y hostil, el crecimiento se retrasará porque nadie se siente estimulado al crecimiento saludable en esas condiciones. Si por otro lado nos ofrecemos un ambiente de amor, aceptación y perdón, creceremos con rapidez. Esos son los frutos de una relación donde se aprenden a soportar con paciencia en amor.

> Mas el fin de todas las cosas se acerca; sed, pues, sobrios, y velad en oración. Y ante todo, tened entre vosotros ferviente amor; porque el amor cubrirá multitud de pecados.
>
> 1 Pedro 4:7-8

> Manantial de vida es la boca del justo; pero violencia cubrirá la boca de los impíos. El odio despierta rencillas; pero el amor cubrirá todas las faltas.
>
> Proverbios 10:11-12

Creo que hay una sola cosa fuera de la infidelidad que no se debe tolerar en ninguna circunstancia y esta es la violencia doméstica. Mi recomendación ante la violencia física es la separación inmediata, ya sea de forma voluntaria o por medio de las autoridades. Fuera de eso, el amor es tolerante y todo lo soporta.

Esto no significa que calla y se resigna a «la vida que le tocó vivir». El que soporta se gana el derecho de afrontar con respeto, de pedir cuentas por el comportamiento negativo, pero lo hace con mucho tacto y prudencia. El que todo lo soporta se gana el derecho de hacer uso de las figuras de autoridad que rodean a su cónyuge para que estas le ayuden a enderezar su comportamiento. Justo por eso puede hacerlo porque ha dado testimonio de lealtad a la relación. El que todo lo soporta no tiene que obedecer los caprichos de su cónyuge cuando no quiere ayuda, aunque esto lo hiera, porque sabe que su lealtad le debe llevar a protegerlo aun de sí mismo.

## El amor nunca deja de ser

El que alguna vez amó, entiende que ese amor nunca deja de ser. El que cree en lo que ha dicho Dios, sabe que aunque los sentimientos estén maltrechos, el amor está allí. No lo siente porque está herido. Tal vez haya malhumor, se sienta defraudado y desilusionado, etc. Sin embargo, sabe que el amor tiene que estar por ahí, en algún lado de su corazón. Por eso, el que ama como Dios, puede actuar en amor aunque no sienta «nadita de nada». Sabe que no es un acto de hipocresía porque lo está buscando al asumir actitudes positivas propias del amor.

Cuando el amor ha dejado de sentirse, siempre es por una decisión consciente o inconsciente. Nosotros somos los que decidimos dejar de amar y de sentir. Cuando amar duele demasiado, algunos deciden dejar de amar para no sentir más dolor. Por lo tanto, el amor es siempre una decisión. Así como decidimos una cosa, podemos decidir la otra. Solo que cuando decidimos amar en un principio, las emociones y las circunstancias nos ayudaron a tomar esa decisión, y ahora la decisión se tiene que tomar por el compromiso con el pacto.

En nuestra relación con Dios, el amor se enfría o se apaga por muchas razones que ahora no vienen al caso, pero Él nos da una solución de modo que avivemos los sentimientos de amor apagados o muertos. En este pasaje bíblico nos reclama el haber perdido la pasión por Él y haber dejado enfriar nuestra relación de amor. El amor de Dios nos ofrece tres pasos hacia la recuperación de una vida apasionada:

> PERO TENGO CONTRA TI, QUE HAS DEJADO TU PRIMER AMOR. [1] RECUERDA, POR TANTO, DE DÓNDE HAS CAÍDO, Y [2] ARREPIÉNTETE, Y [3] HAZ LAS PRIMERAS OBRAS; PUES SI NO, VENDRÉ PRONTO A TI, Y QUITARÉ TU CANDELERO DE SU LUGAR, SI NO TE HUBIERES ARREPENTIDO.
> 
> APOCALIPSIS 2:4-5

1. *Recuerda*: El que quiere recuperarse tiene que hacer un esfuerzo por recordar todas las experiencias hermosas que han vivido juntos. El recuerdo traerá frescura a tu atribulado corazón. Recuerda todas las promesas de amor y momentos de verdadera amistad que han disfrutado. Trata de analizar cuáles son las cualidades que todavía te agradan de tu cónyuge y detente solo a pensar en ellas. Recuerda todo lo que hablaban y de qué hablaban. Trata de recordar cuáles eran las actividades que más disfrutaban juntos, etc.

Cuando hagas este ejercicio, experimentarás un ánimo especial para levantarte, una melancolía que desea acercamiento, el valor de querer hablar. Echarás de menos a tu pareja y se asomará un vago pero firme deseo de que ocurra algo positivo.

2. *Arrepiéntete*: Pídele perdón a Dios por haber descuidado el amor. Arrepiéntete de haber menguado en las actitudes románticas que tanto necesita un matrimonio para mantenerse vivo. Pídele perdón a tu cónyuge por haberte retirado de manera emocional y por haberte encerrado en ti mismo, quizá como un acto de represalia o venganza emotiva. Si tienes hijos, pídeles perdón. Son unos de los que más sufren el enfriamiento del romance entre sus padres.

Cuando te liberes del pecado del desamor, experimentarás una sensación especial de pureza. Experimentarás un mayor deseo de acercarte. Entonces querrás sembrar para que la relación se restaure y se fortalezca. En ese punto es donde el tercer paso se hace determinante para devolverle al amor toda la pasión perdida, y hasta sobrepasar los niveles de atracción y acoplamiento nunca antes vividos. Esto ocurre porque ahora el amor es maduro, consciente, ajustado a la realidad, más realista, más estable, más templado, etc.

3. *Haz las primeras obras*: Aquí es donde vamos a actuar en amor y ya no nos importa cómo varían los sentimientos. Decidiremos ser firmes en todo lo que pueda alimentar el corazón de nuestro cónyuge. El ejercicio de recordar nos devolverá frescura al corazón, pero también nos ayudará a crear una agenda de actividades que nos harán revivir experiencias románticas. Actuaremos en amor de manera consciente y lo haremos con el ánimo de saber que estamos edificando una relación mucho más madura que ya no depende de sentimientos, los cuales pueden variar de dirección como una «veleta al viento». Es una relación sostenida por el pacto de amarnos por encima de cómo

nos sentimos. Las primeras obras son todas esas actitudes propias de los enamorados, que ahora desplegamos, sintiéndolas o no.

El precio parece ser alto porque exige de todos los recursos internos que podamos tener para disfrutar la relación más profunda e íntima que existe. Esta relación es tan grande y maravillosa que requiere del poder de Dios para crecer en su interior. En definitiva, es una relación casi divina que no puede mantenerse solo por vínculos de carne y sangre, sino que requiere entrar en la dimensión de lo espiritual para alcanzar extraordinarios grados de placer y satisfacción.

Puedo hablar de esto debido a que, como he dicho, supe perder la bendición del amor dentro de nuestro matrimonio. Sin embargo, cuando nos levantamos, conocimos las dimensiones del amor incondicional sin temer ninguna amenaza al respecto. Los cielos parecen abrirse sobre nosotros de muchas maneras diferentes, si tan solo se puede creer...

Aun cuando tenemos que tomar la triste decisión de separarnos de manera temporal o permanente a través del divorcio, lo hacemos por amor porque sabemos que es lo mejor que podemos hacer por esa persona. Este tipo de amor no depende de lo que puedan ofrecernos como cónyuges, y por eso podemos disolver la relación sin dejar restos de amargura, odio, ni resentimientos. Podemos mantener una relación cordial de respeto y honra por lo que fuimos sin comprometer nuestro corazón el uno con el otro en cuanto a lo romántico. Solo así podemos ser felices y apasionados en verdad con nuestro nuevo cónyuge, si Dios nos lo concede.

Por esa razón, si alguna vez amaste, nunca dejarás de hacerlo aunque ya no estén juntos...

# capítulo 8

# EL ORDEN DE DIOS PARA EL MATRIMONIO

La época que nos ha tocado vivir va cada vez más en contra de la institución familiar. ¿Concuerda esto con el orden de Dios para el matrimonio? ¿Eso es lo que Él desea para la familia? En realidad, los modelos del matrimonio que vemos a cada paso dejan mucho que desear, así que necesitamos volver al antiguo orden de Dios.

## ¿SON PERFECTOS LOS MATRIMONIOS EN CRISTO?

¿Los matrimonios en Cristo tienen una relación perfecta? Es evidente que no. Lo que hace perfecta a una relación es el Espíritu de Cristo que está en medio de ellos. Mientras estemos en este mundo y metidos en esta «piel», vamos a tener que luchar con una naturaleza que no se quiere sujetar a Dios ni a su Palabra. Por más espirituales que seamos, siempre vamos a tener un enemigo muy cerca, y no me refiero solo al diablo, sino a nuestra propia naturaleza carnal. Hasta que Cristo venga, todos los días de nuestra vida tendremos que resistir a los impulsos de la carne. Esta se puede dominar por el espíritu, pero tan pronto tengamos un descuido, buscará el hueco por donde manifestarse.

Los deseos del corazón son los que vienen a nuestra mente cada vez que algo no resulta como esperábamos. Es lo que nos hace sentir infelices si no los satisfacemos. Entonces, si nos separamos de los sentimientos del alma y nos identificamos con los sentimientos del espíritu, experimentaremos una felicidad nunca antes conocida. Para entender esto tendremos que estudiar el siguiente pasaje bíblico:

> PORQUE LA PALABRA DE DIOS ES VIVA Y EFICAZ, Y MÁS CORTANTE QUE TODA ESPADA DE DOS FILOS; Y PENETRA HASTA PARTIR EL ALMA Y EL ESPÍRITU, LAS COYUNTURAS Y LOS TUÉTANOS, Y DISCIERNE LOS PENSAMIENTOS Y LAS INTENCIONES DEL CORAZÓN. Y NO HAY COSA CREADA QUE NO SEA MANIFIESTA EN SU PRESENCIA; ANTES BIEN TODAS LAS COSAS ESTÁN DESNUDAS Y ABIERTAS A LOS OJOS DE AQUEL A QUIEN TENEMOS QUE DAR CUENTA.
>
> HEBREOS 4:12-13

Cuando la Palabra de Dios mora en nuestro corazón, enfrenta nuestros pensamientos cuando estos no armonizan con la mente de Cristo. Es maravilloso el proceso que se da en nuestro interior cuando la Palabra penetra hasta partir el alma y el espíritu.

En el alma residen los pensamientos y las emociones humanas. Allí se toman todas las decisiones de las que tenemos la responsabilidad. El alma es nuestro ser interior. Los impulsos de la carne canalizan sus deseos a través del alma humana a fin de lograr que se tomen las decisiones que satisfagan sus caprichos.

Por otra parte, el espíritu del hombre es la parte de Dios que tenemos por dentro. Cuando el espíritu está muerto por causa del dominio del pecado, este no tiene el poder de vencer los deseos de la carne ni los designios humanos del alma. Por lo tanto, el resultado es un estilo de vida carnal e inestable y desestabilizado desde el punto de vista emocional. Alguien así no puede ser feliz ni hacer feliz a nadie.

## La victoria está en separar el alma del espíritu

Ahora bien, cuando tomamos la decisión de concederle al Espíritu Santo el control de nuestra vida y comenzamos a estudiar su Palabra, nos equipamos de recursos para vencer las influencias del mundo, la carne y nuestra propia voluntad del alma. Solo entonces las cosas toman un giro sobrenatural y comenzamos a identificarnos con la sabiduría de Dios. Aquí es donde la Palabra sirve como una espada que parte o separa el alma del espíritu.

El espíritu no está atado al alma, sino que ahora responde a Dios y a su Palabra. Además, influye en el alma de manera poderosa de modo que esta tome decisiones sabias aunque no sea lo que desee su humanidad. Esta decisión traerá dolor al alma porque todavía está en proceso de conversión, pero si nos aferramos a la verdad de Dios, convencidos por fe que la verdad nos hará libres, conoceremos la felicidad real. Este es el resultado de una batalla entre el alma y el espíritu. Cuando le damos la victoria al espíritu, experimentamos la felicidad porque alcanzamos los propósitos de Dios y descubrimos nuestra razón de ser.

Por esto determinamos que las personas espirituales de verdad son las que vencen los designios de la carne. Experimentan todos esos impulsos carnales y del alma, igual que cualquier otro ser humano, pero los vencen por el espíritu con el amor de Dios. Lo que no podemos evitar es el dolor. Todo el que lucha contra los designios de su carne sabe que el proceso traerá aflicción. A medida que buscamos el rostro del Señor cada vez más, nos vamos acostumbrando a «su estilo» y a «su personalidad» hasta que terminamos siendo semejantes a Él.

> SED, PUES, IMITADORES DE DIOS COMO HIJOS AMADOS. Y ANDAD EN AMOR, COMO TAMBIÉN CRISTO NOS AMÓ, Y SE ENTREGÓ A SÍ MISMO POR NOSOTROS, OFRENDA Y SACRIFICIO A DIOS EN OLOR FRAGANTE.
>
> EFESIOS 5:1-2

Dios pretende que lo imitemos en su forma de amar. Si Él lo pide, es porque nos ha dado el poder para lograrlo. Por eso envió al Espíritu Santo para que lo que era imposible lograr por causa de la carne lo alcancemos mediante el poder del Espíritu Santo, el cual derramó en nuestro corazón cuando fuimos bautizados en fuego y gloria.

Si no tienes idea de lo que estoy diciendo con «bautizados en fuego y gloria», te sugiero que leas el capítulo 2 del libro de los Hechos de los apóstoles. Allí encontrarás detalles de la promesa hecha por Dios para que todo el que le entregue su corazón de manera genuina, y quiera ser un testigo sincero de Jesús, reciba el bautismo del Espíritu Santo y su vida se revolucione de modo radical.

Volviendo al punto, nosotros podemos imitar a Dios en su forma de amar, pero tendremos que reconocer que para lograrlo debemos ofrendarnos y sacrificarnos. En esos momentos no podemos pretender recompensa de nadie, pues al igual que Dios, los frutos de su sacrificio no fueron inmediatos, sino paulatinos. Asimismo, nuestros resultados llegarán con el transcurso de nuestro modelado. Esto puede ser frustrante, pero para el que persevere será la corona de victoria. El agricultor no se frustra porque sabe que después de sembrar no puede aspirar a cosechar de inmediato, sino que tiene que esperar el proceso natural de crecimiento.

## EL ORDEN ASEGURA LA ARMONÍA DE LA FELICIDAD

El orden comienza de esta manera:

> SOMETEOS UNOS A OTROS EN EL TEMOR DE DIOS.
>
> EFESIOS 5:21

Este verso bíblico está justo antes del que dice lo siguiente:

> Las casadas estén sujetas a sus propios maridos, como al Señor; porque el marido es cabeza de la mujer, así como Cristo es cabeza de la iglesia, la cual es su cuerpo, y él es su Salvador. Así que, como la iglesia está sujeta a Cristo, así también las casadas lo estén a sus maridos en todo.
>
> EFESIOS 5:22-24

¿Qué quería asegurar Dios cuando estableció los estatutos de orden y sujeción matrimonial? El verso 21 deja establecido con claridad que para Dios no hay diferencia entre hombre y mujer en cuanto a autoridad y sujeción se refiere, pues los que temen a Dios, como dice ese mismo verso, se someten unos a otros. El temor de Dios se puede definir como un amor reverente por la autoridad del Señor y un respeto especial por su Palabra.

Por lo tanto, cuando convivimos en nuestro hogar en el temor de Dios, nadie acentúa su autoridad sobre nadie porque todos caminamos bajo la sombra de la autoridad de Dios. Esa conciencia de la presencia de Dios morando en nuestro hogar nos hace sentir que todos nos debemos a Él y tenemos que rendirle cuentas. Esa presencia gloriosa invisible nos hace sensibles para escucharnos y nos enseña a valorar todo lo que se dice, independiente de quien venga, porque respetamos la dignidad de todos sin tener en cuenta el sexo ni la edad. El temor de Dios hace que nos escuchemos con respeto porque hasta los niños se consideran importantes en el Reino de los cielos.

El temor de Dios es el que hace que la verdad prevalezca sobre quien la posee. De manera que si la razón la tiene la mujer, todos nos sujetamos a ella. Si la razón la posee uno de nuestros hijos, todos nos sometemos a él. Si la razón la tiene el hombre, todos nos sujetamos a él.

El Espíritu Santo es el que logra esto porque Él vence el machismo, el feminismo y el orgullo de quienes creyeron tener la razón. El Espíritu Santo vence el egoísmo de quienes tienden a dominar y acaparar la autoridad. En Cristo, la autoridad la tiene el que posee la verdad. El que camina en el Espíritu discierne la verdad y la razón en cuanto la escucha y se sensibiliza a ella. Respeta tanto la verdad que se somete a ella sin problema alguno porque ama la sabiduría y sabe que ese es el único camino a la prosperidad. No toma nada como un enfrentamiento personal, sino que hace los ajustes con rapidez cuando descubre que no tenía la razón. Es más, hasta agradece que hayan expresado sus opiniones aunque estas no continúen en la misma dirección que llevaba la suya.

## ¿CÓMO DEBEMOS PROCEDER CUANDO ALGUIEN SE PONE TERCO?

El problema está en que no siempre estamos en el Espíritu y por eso hay tantas desavenencias en las familias y en el matrimonio. Además de eso, existe también la posibilidad de que ambos tengamos parte de la razón y creamos que estamos en conflicto, pero no lo estamos en realidad y no hemos logrado ponernos de acuerdo. ¿Qué debemos hacer cuando ocurre esto? ¿Cómo debemos proceder cuando alguien se pone terco?

La respuesta está en el verso 22 del mismo pasaje anterior: «Las casadas estén sujetas a sus propios maridos como al Señor». Ese es el orden establecido por Dios. Esto quizá sea doloroso para una mujer que tiene buenos criterios y conoce lo suficiente como para saber qué dirección o decisión tomar. ¿Significa esto que ella no puede opinar, que no puede tratar de convencerlo de alguna mala decisión? Al contrario, creo que toda mujer tiene la responsabilidad de ser «voz de Dios» para su esposo. Una mujer sabia busca el rostro de Dios para siempre tener consejos llenos de sabiduría con una «perspectiva casi divina». En eso es que radica la autoridad de una mujer. Sin embargo, a la hora de la verdad, después de haber puesto los puntos sobre la mesa, la mujer debe cederle a su esposo la autoridad de decidir.

Lo importante es que para que las cosas funcionen en armonía, Dios responsabilizó al hombre por las decisiones tomadas y él tendrá que rendirle cuentas por todo lo que haga con su familia. Alguien tiene que asumir la responsabilidad ante Dios, esté bien o mal su criterio. Alguien tiene que ser cabeza. Por eso nunca encontrarás un cuerpo con dos cabezas. La misma naturaleza nos lo enseña. A fin de que podamos ir en una sola dirección de manera eficiente, alguien tiene que servir de líder. Alguien tiene que asumir la responsabilidad por todos los demás. Dios designó al hombre para que ocupara ese lugar «para bien o para mal».

¿A qué me refiero con esto? Pues utilicemos el ejemplo del Edén. Dios estableció el orden y puso límites diciendo:

> Y MANDÓ JEHOVÁ DIOS AL HOMBRE, DICIENDO: DE TODO ÁRBOL DEL HUERTO PODRÁS COMER; MAS DEL ÁRBOL DE LA CIENCIA DEL BIEN Y DEL MAL NO COMERÁS; PORQUE EL DÍA QUE DE ÉL COMIERES, CIERTAMENTE MORIRÁS.
>
> GÉNESIS 2:16-17

Cuando Adán le enseñó a su mujer el mandamiento de Dios, se lo comunicó de la siguiente manera:

> DEL FRUTO DE LOS ÁRBOLES DEL HUERTO PODEMOS COMER; PERO DEL FRUTO DEL ÁRBOL QUE ESTÁ EN MEDIO DEL HUERTO DIJO DIOS: NO COMERÉIS DE ÉL, NI LE TOCARÉIS, PARA QUE NO MURÁIS.
>
> GÉNESIS 3:2-3

Las instrucciones que Adán le dio a Eva fueron fieles al mandamiento divino. A decir verdad, fue más lejos que Dios porque la única prohibición dada fue el comer del fruto del árbol, pero Adán le dijo a Eva que ni siquiera lo tocara. Por lo tanto, Adán no fue responsable del pecado de Eva. Sin embargo, el hecho de haber sido designado como cabeza de la relación lo responsabilizó de rendir cuentas por lo que no hizo a nombre de su esposa. Veamos a lo que me refiero:

> Y VIO LA MUJER QUE EL ÁRBOL ERA BUENO PARA COMER, Y QUE ERA AGRADABLE A LOS OJOS, Y ÁRBOL CODICIABLE PARA ALCANZAR LA SABIDURÍA; Y TOMÓ DE SU FRUTO, Y

> COMIÓ; Y DIO TAMBIÉN A SU MARIDO, EL CUAL COMIÓ ASÍ COMO ELLA. ENTONCES FUERON ABIERTOS LOS OJOS DE AMBOS, Y CONOCIERON QUE ESTABAN DESNUDOS; ENTONCES COSIERON HOJAS DE HIGUERA, Y SE HICIERON DELANTALES. Y OYERON LA VOZ DE JEHOVÁ DIOS QUE SE PASEABA EN EL HUERTO, AL AIRE DEL DÍA; Y EL HOMBRE Y SU MUJER SE ESCONDIERON DE LA PRESENCIA DE JEHOVÁ DIOS ENTRE LOS ÁRBOLES DEL HUERTO. MAS JEHOVÁ DIOS LLAMÓ AL HOMBRE.
>
> GÉNESIS 3:6-9

Este mismo sistema de rendir cuentas prevalece hasta hoy en todas las organizaciones y empresas donde hay directores y presidentes responsables de dirigir la productividad y lograr los objetivos para los que se contrataron. Aunque no tienen la responsabilidad por los problemas que ocurren en las operaciones de piso, tienen que rendir cuentas cuando vienen los oficiales corporativos. Si alguna situación ocurrida es de naturaleza seria, muchas veces pagan con sus propios puestos, ya que se esperaba que tomaran las medidas correctivas necesarias. De manera que aunque no fueron los que «pecaron» tienen que pagar por los errores de los que están bajo su responsabilidad.

## «SUJETAS A SUS PROPIOS MARIDOS COMO AL SEÑOR»

¿Qué significa esto de «como al Señor»? Cuando Dios ha determinado algo, ¿entras en discusiones con Él? ¿Cuestionas de manera insistente con el propósito de resistir una decisión que Él ha tomado sobre tu vida? ¿Te rebelas contra Dios porque hizo algo que no entiendes? Sabemos que todo el que ha asumido actitudes como estas ha sufrido feas consecuencias porque dura cosa es dar patadas contra un aguijón (véase Hechos 9:5). ¿Quién termina herido? Sabemos la respuesta.

Por lo tanto, la sabiduría de Dios determinó que la mujer se sujetara a su marido cuando haya opiniones encontradas, cuando hay un obstáculo de dirección, etc. Se necesita mucha humildad para obedecer este mandamiento del Señor. La Palabra garantiza que Dios prosperará y respaldará a la mujer sujeta.

> La mujer sabia edifica su casa; mas la necia con sus manos la derriba.
>
> PROVERBIOS 14:1

> Asimismo vosotras, mujeres, estad sujetas a vuestros maridos; para que también los que no creen a la Palabra, sean ganados sin palabra por la conducta de sus esposas, considerando vuestra conducta casta y respetuosa.
>
> 1 PEDRO 3:1-2

La ventaja que ofrece la obediencia a la Palabra es que la mujer que se sujeta a su marido, aun sabiendo que este no tiene la razón, hace que Dios intervenga con su esposo. Recuerda que Dios es Padre de ambos. Si uno de los dos está actuando mal, pero el otro es fiel al mandamiento y se mantiene en su lugar de lealtad y fidelidad a la voluntad de Dios, provoca a que el Señor le haga justicia.

Por lo tanto, la sujeción no responde al hombre, sino a Dios, quien «toma cartas en el asunto». Dios no puede hacer justicia si tú tomas el problema en tus propias manos. Cuando una mujer le falta el respeto a su marido y se niega a sujetarse a él, se niega a sí misma la ayuda sobrenatural de Dios. Ninguna mujer así contará con el respaldo de Dios.

## Dios no es chovinista

Cuando enseño sobre el tema de la sujeción, hay algunas mujeres que en forma de broma comentan que reconocen a sus esposos como cabeza, pero que ellas son el cuello y que su función es mover la cabeza, por lo que declaran que tienen el control. Es obvio que se refleja de manera jocosa la dificultad que existe ante el concepto de sujeción en la mayoría de las mujeres, sobre todo entre las que tienen títulos universitarios y las que ocupan posiciones profesionales de autoridad. Esto no es un asunto lógico racional, sino de fe y confianza en el Dios que les puso orden al matrimonio y a la familia.

Las mujeres que leyeron mi libro *La mujer, el sello de la creación*, descubrieron desde el punto de vista teológico que Jehová no es un Dios chovinista que prefiere y exalta al sexo masculino sobre el femenino. Todo lo contrario, Dios es un Dios de equilibrio, y en la búsqueda de orden no ha establecido leyes para restringir, sino para ofrecer mayor libertad para su creación. El «lugar privilegiado» de los hombres está sujeto a los privilegios que Dios le dio a la mujer. De manera que Dios le dio mayor honra a quien parecía faltarle.

Hay un pasaje bíblico que aunque está aplicado a la iglesia, si observas con detenimiento descubrirás que se ajusta a la perfección al matrimonio en sus diferentes papeles:

> PORQUE ASÍ COMO EL CUERPO ES UNO, Y TIENE MUCHOS MIEMBROS, PERO TODOS LOS MIEMBROS DEL CUERPO, SIENDO MUCHOS, SON UN SOLO CUERPO, ASÍ TAMBIÉN CRISTO. PORQUE POR UN SOLO ESPÍRITU FUIMOS TODOS BAUTIZADOS EN UN CUERPO, SEAN JUDÍOS O GRIEGOS, SEAN ESCLAVOS O LIBRES; Y A TODOS SE NOS DIO A BEBER DE UN MISMO ESPÍRITU. ADEMÁS, EL CUERPO NO ES UN SOLO MIEMBRO, SINO MUCHOS. SI DIJERE EL PIE: PORQUE NO SOY MANO, NO SOY DEL CUERPO, ¿POR ESO NO SERÁ DEL CUERPO? Y SI DIJERE LA OREJA: PORQUE NO SOY OJO, NO SOY DEL CUERPO, ¿POR ESO NO SERÁ DEL CUERPO? SI TODO EL CUERPO FUESE OJO, ¿DÓNDE ESTARÍA EL OÍDO? SI TODO FUESE OÍDO, ¿DÓNDE ESTARÍA EL OLFATO? MAS AHORA DIOS HA COLOCADO LOS MIEMBROS CADA UNO DE ELLOS EN EL CUERPO, COMO ÉL QUISO. PORQUE SI TODOS FUERAN UN SOLO MIEMBRO, ¿DÓNDE ESTARÍA EL CUERPO? PERO AHORA SON MUCHOS LOS MIEMBROS, PERO EL CUERPO ES UNO SOLO. NI EL OJO PUEDE DECIR A LA

mano: No te necesito, ni tampoco la cabeza a los pies: No tengo necesidad de vosotros. Antes bien los miembros del cuerpo que parecen más débiles, son los más necesarios; y a aquellos del cuerpo que nos parecen menos dignos, a éstos vestimos más dignamente; y los que en nosotros son menos decorosos, se tratan con más decoro. Porque los que en nosotros son más decorosos, no tienen necesidad; pero Dios ordenó el cuerpo, dando más abundante honor al que le faltaba, para que no haya desavenencia en el cuerpo, sino que los miembros todos se preocupen los unos por los otros. De manera que si un miembro padece, todos los miembros se duelen con él, y si un miembro recibe honra, todos los miembros con él se gozan. Vosotros, pues, sois el cuerpo de Cristo, y miembros cada uno en particular.

1 Corintios 12:12-27

## Si la mujer se resiste, ¿puede pedir el respaldo de Dios?

Volvamos al punto de la sujeción. Después de resistirse y pelear hasta el cansancio, si la mujer se rinde y decide buscar a Dios para que Él intervenga, ¿puede pedir su respaldo? Puede pedirlo, pero no lo tendrá. No verá la mano de Dios obrando en su favor porque primero tendrá que arrepentirse ante Dios de su soberbia. Él le pedirá que se humille ante su esposo disculpándose por las actitudes desafiantes que asumió ante su autoridad como hombre.

Solo entonces, a su tiempo, Dios intervendrá. Lo que quiero acentuar con esta aclaración es que la primera opción no puede ser la discusión irritante, ni el enfrentamiento irrespetuoso. La primera opción no puede agotarse discutiendo hasta desgastarse de manera emocional, para entonces darle lugar a Dios. La primera opción siempre tiene que ser Dios. Y Él te va a pedir que expreses con mucha mansedumbre tus opiniones y lo aconsejes como lo harías con tu padre, y que luego confíes en el Señor sujetándote a tu marido aunque él no tenga la razón. Jesús va a sacar la cara por ti.

¡Qué difícil! ¿Verdad? Y aunque creas que no es justo para ti, esto solo puedes aceptarlo por fe. Sí, fe en el consejo de Dios, en el orden del Reino, en los preceptos de la multiforme sabiduría de Dios que no se puede entender con sabiduría humana. Por eso la Palabra nos enseña que esto es locura para los que se pierden, pero para el que cree, es poder de Dios.

«Pruébame en esto, te dice el Señor».

## Y SI MI ESPOSO ES INCONVERSO, ¿DEBO SUJETARME A ÉL?

La Biblia lo dice:

> ASIMISMO VOSOTRAS, MUJERES, ESTAD SUJETAS A VUESTROS MARIDOS; PARA QUE TAMBIÉN LOS QUE NO CREEN A LA PALABRA, SEAN GANADOS SIN PALABRA POR LA CONDUCTA DE SUS ESPOSAS, CONSIDERANDO VUESTRA CONDUCTA CASTA Y RESPETUOSA.
>
> 1 PEDRO 3:1-2

> PORQUE EL MARIDO ES CABEZA DE LA MUJER, ASÍ COMO CRISTO ES CABEZA DE LA IGLESIA, LA CUAL ES SU CUERPO, Y ÉL ES SU SALVADOR. ASÍ QUE, COMO LA IGLESIA ESTÁ SUJETA A CRISTO, ASÍ TAMBIÉN LAS CASADAS LO ESTÉN A SUS MARIDOS EN TODO.
>
> EFESIOS 5:23-24

Es obvio que en lo único que una mujer no debe sujetarse a su marido es cuando este pretende que peque contra Dios. Esta pretensión hace que una ley mayor prevalezca: «Es necesario obedecer a Dios antes que a los hombres» (Hechos 5:29). Sin embargo, fuera de esta salvedad, la Palabra dice que debe sujetarse a él en todo. Y todo es todo.

Según el pasaje de 1 Pedro, este comportamiento será determinante para que un hombre torne su corazón a Dios. Fíjense qué fuerte es el testimonio de una mujer de Dios para un hombre no creyente, cuando sin palabras le traduce el evangelio a su marido de una forma que lo pueda entender. Además, esa mujer está cediéndole todo el espacio a Dios para que llegue a su interior y lo convenza de pecado. Mujer, te conviene que sea Dios el que lo convenza, ¿no te parece? Deja actuar a Dios.

## Una palabra para los maridos

Ahora veamos lo que la Biblia les dice a los maridos:

> Vosotros, maridos, igualmente, vivid con ellas sabiamente, dando honor a la mujer como a vaso más frágil, y como a coherederas de la gracia de la vida, para que vuestras oraciones no tengan estorbo.
>
> 1 Pedro 3:7

Antes de explicar este pasaje, creo necesario entregar una información pertinente sobre la sexualidad masculina del hombre que ha caído. Los hombres están diseñados con una fuerza de índole sexual muy intensa. Este deseo sexual llamado libido es tan fuerte, que cuando no tienen mujer, sexualmente hablando, los pone muy románticos y detallistas para cautivar el corazón de una mujer. Se pueden hacer enciclopedias solo de poemas románticos y de palabras impresionantes halagando a las mujeres pretendidas. Las más increíbles canciones inspiradoras se han escrito por hombres enamorados de la figura de la mujer. Sienten una necesidad tan fuerte de unirse a una mujer que las buscan con normalidad y naturalidad, y asumen la iniciativa de seducirlas. Como las mujeres saben que las están observando todo el tiempo, se maquillan, se cambian el corte de cabello y se arreglan. Por supuesto, son las que casi siempre enseñan más su cuerpo que los hombres.

El problema es que, tan pronto los hombres tienen relaciones sexuales con ellas, satisfacen todo ese fuego interno. Entonces, al aliviar esa tensión sexual, se les apaga el romanticismo. Ya no dicen cosas lindas ni miran con cariño, ni tratan con ternura a su esposa. ¿Por qué? Porque lo que les llevaba a ser así era la necesidad de poseerla. Cuando ya la tienen, por lo general, solo recuerdan ser tiernos y románticos cuando cierran la puerta del cuarto y... ¡*voilà*! Fuera de ese momento, se esfuma toda la inspiración, el brote de ternura y la valoración.

Esto ha provocado que un gran número de mujeres, buenas esposas, serviciales y sujetas a sus maridos, estén viviendo con tristeza, secas y marchitas en lo emocional. Se sienten usadas por sus maridos y con un vacío interno, aun cuando tienen a Dios en su corazón. Quizá alguien se cuestione cómo es posible que una mujer llena de Dios sienta un vacío en su corazón. ¡Pues, sí!

¿Recuerdas que después que Dios creó al hombre, dijo: «No es bueno que el hombre esté solo»? Si Adán vivía en el huerto de Dios, el Edén, donde se paseaba la misma presencia de Dios, ¿por qué no era bueno que estuviera solo? Por lo tanto, se puede concluir que Dios nos creó con una necesidad que solo pueden suplir nuestros cónyuges. Estas necesidades son precisamente las que describe la Biblia y que yo trataré de explicar.

## LA NATURALEZA DE LOS HOMBRES ES MÁS SEXUAL QUE ROMÁNTICA

Dios sabe cómo es la naturaleza del hombre, por eso le exige que ame a su mujer como ella lo necesita. A fin de que una mujer con todas las capacidades con las que la diseñó Dios pueda sujetarse de buena gana, necesitará que la amen y honren de una manera especial. Para ella, el romance es el aire que respira, los halagos y los reconocimientos son el alimento de su alma de mujer. El único que puede hacerla sentir así es su esposo, aquel por el cual estuvo dispuesta a perder su libertad para unirse a él.

Es interesante que varios pasajes bíblicos analicen el tema de la exhortación a los maridos y les demanden amar a su esposa. Sin embargo, no es así en el caso de las esposas. En esencia, el Libro de la Sabiduría las exhorta a sujetarse y a respetar a sus esposos.

¿Por qué Dios les pide tanto a los hombres que amen a sus esposas? Es que la naturaleza del hombre es más sexual que la de las mujeres. Ellas no interpretan la relación sexual como amor, a no ser que vaya acompañada del romance diario.

> Vosotros, maridos, igualmente, vivid con ellas sabiamente, dando honor a la mujer como a vaso más frágil, y como a coherederas de la gracia de la vida, para que vuestras oraciones no tengan estorbo.
>
> 1 Pedro 3:7

A continuación, veamos este pasaje en detalle:

### «Vivid con ellas sabiamente»

Tratar a una mujer como es digno requiere de mucha sabiduría. No se puede hacer feliz a una mujer por instinto varonil, ya que ese instinto es un poco rudo, tosco y algo descuidado. El hombre que sabe tratar a una mujer planifica lo que va a decir y cómo se lo va a decir para evitar herir su sensibilidad.

El hombre sabio en el amor estudia a su esposa para fluir según sus necesidades. No la critica por ser delicada, ni la acusa de «exigente» ni de «susceptible» porque sabe que está tratando a una mujer y ella es «vaso frágil». El hombre sabio intenta suplir las necesidades de la mujer para obtener lo que quiere.

¿Te has preguntado cuál es el ambiente idóneo para sensibilizar a tu esposa hacia la intimidad sexual? Si hay algo que no entiendes de su comportamiento, ¿te das a la tarea de investigar? El que hace los ejercicios de investigación con sabiduría, ya sea preguntando u observando, va a tener éxito en su trato con ella. Descubrirás gustos que tal vez no acoplarán con los tuyos, pero si analizas bien el asunto, descubrirás que es mejor acomodarse a sus necesidades para luego poder disfrutar al máximo de lo más importante para ti.

Se es sabio cuando nunca violentas la naturaleza de una mujer. Me refiero a que si sabes qué cosas la afectan, te vas a cuidar mucho de no herirla en esos aspectos. De igual forma, alimentarás sin cesar las cosas que la hacen sentir realizada y despejada. Para darte un ejemplo, el agradarle de manera física a su esposo es algo de suma importancia para toda mujer. Por lo tanto, nunca hagas bromas sobre su físico en privado y mucho menos en público. Nosotros, los hombres, podemos bromear tomando como punto algún aspecto de nuestro físico, pero para una mujer... eso es la muerte. Otro ejemplo: Si te pregunta cómo le queda un vestido en particular y a ti no te gusta, no le digas: «Te queda mal». Mejor dile que prefieres que se ponga otro que le puede quedar mejor.

No la critiques ni la presiones a someterse a algo que va en contra de su naturaleza de mujer. Por ejemplo, la mujer no tiene los niveles de testosterona (la hormona de la excitación sexual) que tienen los hombres. Así que pedirle que se comporte de manera intensa en lo sexual y que asuma la iniciativa con impulsividad, no es natural en ellas. La petición de tal comportamiento va en contra de su naturaleza. Lo puede hacer por aprendizaje, pero no debe ser la norma porque se va a desgastar. Necesita mucho tiempo de tratos especiales para activarse sexualmente y llegar a ese nivel de intensidad.

Amar a una esposa con sabiduría requiere mucha sensibilidad y ganas de aprender. El orgulloso que cree saberlo todo o el machista que actúa por instinto porque cree que todo viene en el «paquete», no va a lograr hacer feliz a su esposa. Así que, hombre de Dios, no critiques a un ser tan delicado como es la mujer, ni le exijas nada que vaya en contra de su naturaleza. Esto es amar con sabiduría.

### ↳ **«Dando honor»**

La palabra «honor», según su definición, es: «Estima y respeto de la dignidad de la persona honrada».

Todo lo que hagamos para que la mujer se sienta estimada, respetada y dignificada cultivará lo mejor de ella para transformarse en servicios y atenciones que tanto anhelan y disfrutan los hombres. Si hay algo imprescindible para una mujer sujeta, es sentirse honrada por su esposo. Estaría dispuesta a seguirlo por el resto de su vida si la hiciera sentir especial. A fin de poder sentirse realizada en esta esfera necesita estar rodeada de expresiones de honra.

Honras a una mujer cuando...

- Le dices todos los días que la amas.
- Le dices en privado cuánto aprecias y agradeces lo que hace por ti. (Puedes hacerlo en público, pero no lo valorará tanto como cuando es en privado).
- Reconoces sus servicios dándole las gracias cada vez que te sirve en cualquier cosa.
- Caminas lado a lado con ella sin dejarla nunca atrás.
- La tomas de la mano al caminar juntos para identificarla como tu esposa, de la cual te sientes orgulloso.
- Le abres la puerta de entrada o salida de algún lugar o del automóvil para que entre primero.
- Te pones de pie cuando ella entra a algún lugar para ofrecerle los saludos correspondientes.
- La sorprendes con una serenata cuando menos se lo espera.
- La valoras frente a tus hijos y validas su autoridad ante ellos.
- La valoras delante de los suegros y nunca les permites a tus padres que la critiquen ni le falten el respeto de ninguna manera.
- Le das miradas tiernas que le digan en silencio: «Eres idónea para mí».

¿Está bien honrar a una mujer imperfecta? El problema de muchos hombres es que piensan que todo ese despliegue de honra se lo darían a la mujer ideal, a la perfecta, a la idónea, pero no la tienen.

¿Cómo dar honra a una persona a la que le ves defectos y que no reúne todos los requisitos ideales de tu concepto de mujer? El asunto se resuelve cuando entendemos que es una orden de Dios. Independientemente de lo que sintamos o pensemos, Dios dijo que, por cuanto es su hija, tenemos la obligación de honrarla. De lo contrario, nuestras oraciones tendrán estorbo y no serán escuchadas en el Reino. No tenemos opción. La honramos a pesar de todo o le negamos la honra y nos atenemos a las consecuencias de que se nos cierren los cielos y se detenga la bendición de Dios.

Dios está tratando de educarnos a pensar y sentir como Él. Como somos una especie caída no podemos concebir las cosas como las ve Dios. Sin embargo, a medida que practicamos y nos ejercitamos en el mecanismo del pensamiento de Dios, empieza a tener sentido. Al principio parece extraño, pero luego lo sobrenatural empieza a ser común.

El verso de Romanos 4:17 dice:

> COMO ESTÁ ESCRITO: TE HE PUESTO POR PADRE DE MUCHAS GENTES, DELANTE DE DIOS, A QUIEN CREYÓ, EL CUAL DA VIDA A LOS MUERTOS, Y LLAMA LAS COSAS QUE NO SON, COMO SI FUESEN.

Así como Dios enseña, tenemos que honrar a nuestras esposas como si fuesen perfectas e idóneas en todo, y no permitir que lo que vemos interfiera lo que Dios está viendo en ellas. Para honrar a nuestras esposas de esta manera tenemos que verlas con los ojos de Dios y desbordarnos en admiración por ellas. De ese modo, nosotros seremos los instrumentos para lograr los sueños de Dios para con nuestras esposas.

Cuando una mujer es amada y honrada de manera incondicional, florece con todo su potencial.

### ❦ «Como a vaso más frágil»
La mujer está representada como una copa del más fino cristal que pueda manufacturarse. Para disfrutar de algo tan elegante y que sea útil para beber un vino de la más alta calidad, requerirá que se maneje con mucho cuidado. De lo contrario, se podría romper una copa carísima y echar a perder un vino de alto valor. Así es la mujer. Demasiado delicada, más de lo que pensamos. Entonces, tenemos que aceptarla tal como Dios la

creó. Si nos negamos a aceptar su naturaleza sentimental frágil, sería como reprochar a Dios por haberla diseñado así.

Por lo tanto, tenemos que pensar muy bien antes de hablar porque ellas son frágiles al oído. No podemos hablar con ligereza, pues quedaremos en situaciones muy difíciles sin darnos cuenta. Tenemos que afirmarlas en todo lo que son buenas y eficientes para que, al corregirlas, no se sumerjan en tristeza ni molestia al sentir que las acusamos de defectuosas o incapaces. Nuestro tono de voz, nuestro semblante, nuestra rapidez al responderle y los decibeles de volumen vocal pueden ser determinantes a la hora de tratarlas.

En lo físico, de igual modo, son sensibles y delicadas. Por lo tanto, lo que para nosotros es normal, para ellas puede ser áspero, tosco y torpe. ¿Y qué me dices de lo sexual? Es muy difícil entenderlas porque les disgustan algunos tratos cuando se hacen fuera de tiempo. Así que, después de estar listas, les agrada y, más aun, te piden que seas más intenso, y eso a veces nos confunde. Para nosotros los hombres, lo que nos gusta, nos gusta, al principio o al final. ¡Eso es así de simple! Sin embargo, para ellas, cada cosa tiene su momento, y lo que no se hace en su preciso instante, no da resultados. Por eso tenemos que fluir con ellas por fe y por observación, tratando de leerlas utilizando la clave de lectura de los ciegos.

Cuando hablamos con nuestros amigos y compañeros, no tenemos que preocuparnos de tantos detalles ni tenemos que ser tan cuidadosos en nuestra forma de tratarnos. No obstante, cuando se trata de una mujer, tenemos que ser delicados y sensibles a sus señales, dando honor «a tiempo y fuera de tiempo». ¡Ah! Y no se pueden olvidar de esto: Deben estar dispuestos a pedir perdón todas las veces que sea necesario. Y cuidado... ¡serán muchas veces!

## «Como a coherederas de la gracia»

El término «coheredera» significa que tenemos junto con ella los mismos derechos en lo que se refiere a Dios. Ella hereda y es digna de bendición tanto como nosotros. Es evidente que esto confirma algo que todos sabemos y es que es tan hija de

Dios como nosotros. Por lo tanto, el celo de Jehová la cuida. Mira lo que dice Mateo 18:6-7:

> Y CUALQUIERA QUE HAGA TROPEZAR A ALGUNO DE ESTOS PEQUEÑOS QUE CREEN EN MÍ, MEJOR LE FUERA QUE SE LE COLGASE AL CUELLO UNA PIEDRA DE MOLINO DE ASNO, Y QUE SE LE HUNDIESE EN LO PROFUNDO DEL MAR. ¡AY DEL MUNDO POR LOS TROPIEZOS! PORQUE ES NECESARIO QUE VENGAN TROPIEZOS, PERO ¡AY DE AQUEL HOMBRE POR QUIEN VIENE EL TROPIEZO!

Si Dios nos dijera: «Ten mucho cuidado de cómo tratas a tu esposa porque es mi hija», de seguro la trataríamos de manera muy especial. Por lo tanto, tienes que hacerte la idea de que «tu suegro vive en tu casa». Veamos las consecuencias de no tomar esto en serio a través de un pasaje bíblico:

> ESTE ES EL MENSAJE QUE HEMOS OÍDO DE ÉL, Y OS ANUNCIAMOS: DIOS ES LUZ, Y NO HAY NINGUNAS TINIEBLAS EN ÉL. SI DECIMOS QUE TENEMOS COMUNIÓN CON ÉL, Y ANDAMOS EN TINIEBLAS, MENTIMOS, Y NO PRACTICAMOS LA VERDAD; PERO SI ANDAMOS EN LUZ, COMO ÉL ESTÁ EN LUZ, TENEMOS COMUNIÓN UNOS CON OTROS, Y LA SANGRE DE JESUCRISTO SU HIJO NOS LIMPIA DE TODO PECADO.
>
> 1 JUAN 1:5-7

Es determinación de Dios no permitirle a ningún hombre, sea quien sea, deshonrar con tratos inapropiados a una mujer. No quedará impune el hombre que no quiera amar o deje de amar a su esposa. Aunque sea pastor o ministro de la Palabra, Dios cierra sus oídos. No es el llamado lo que le asegura la unción y el respaldo de Dios, sino la comunión que mantenga con su esposa.

Podremos ser hombres de fe con grandes metas y sueños en Dios, gozar de fama y buena reputación entre las iglesias del evangelio, pero nada de lo anterior nos da identidad en el

Reino. Nos equivocamos de gravedad si pensamos así. Lo que nos da identidad en el Reino es la comunión que sostenemos los unos con los otros. La esencia de la fe está en cuánto amamos a Dios y cuánto amamos a los más cercanos, nuestro prójimo.

# capítulo 9

# CONSEJOS PARA EVITAR Y MANEJAR CONFLICTOS

El matrimonio es el vínculo más importante y el más duradero e íntimo también. A pesar de eso, surgen conflictos que aunque no tienen en sí la capacidad de destruirlos, pueden llevarlo a la ruina si se pasa por alto la manera de manejarlos.

## UNA PALABRA PARA AMBOS: ESPOSO Y ESPOSA

Tanto la esposa como el esposo tienen la responsabilidad de actuar independientemente de cómo actúe el otro. Tenemos el cien por cien de la responsabilidad de obedecer al Señor en lo que respecta a nosotros. Tenemos que evitar la tentación de medir hasta qué punto es el buen desempeño de nuestro cónyuge. Siempre que midamos el cometido de nuestro cónyuge nos debilitaremos en la meta de hacer el máximo de lo que nos toca, según las órdenes de Dios.

> FINALMENTE, SED TODOS DE UN MISMO SENTIR, COMPASIVOS, AMÁNDOOS FRATERNALMENTE, MISERICORDIOSOS, AMIGABLES; NO DEVOLVIENDO MAL POR MAL, NI MALDICIÓN POR MALDICIÓN, SINO POR EL CONTRARIO, BENDICIENDO, SABIENDO QUE FUISTEIS LLAMADOS PARA QUE HEREDASEIS BENDICIÓN. PORQUE: EL QUE QUIERE AMAR LA VIDA Y VER DÍAS BUENOS, REFRENE SU LENGUA DE MAL, Y SUS LABIOS NO HABLEN ENGAÑO; APÁRTESE DEL MAL, Y HAGA EL BIEN; BUSQUE LA PAZ, Y SÍGALA. PORQUE LOS OJOS DEL SEÑOR ESTÁN SOBRE LOS JUSTOS, Y SUS OÍDOS ATENTOS A SUS ORACIONES; PERO EL ROSTRO DEL SEÑOR ESTÁ CONTRA AQUELLOS QUE HACEN EL MAL.
>
> 1 PEDRO 3:8-12

Veamos este pasaje en detalle:

### «Sed todos de un mismo sentir»

Según el texto citado, la Palabra nos dice que seamos «todos de un mismo sentir». Para lograr eso tiene que haber un estándar que encuentro en un pasaje de las Escrituras que explica cómo debemos actuar para lograr buenos resultados:

> HAYA, PUES, EN VOSOTROS ESTE SENTIR QUE HUBO TAMBIÉN EN CRISTO JESÚS, EL CUAL, SIENDO EN FORMA DE DIOS, NO ESTIMÓ EL SER IGUAL A DIOS COMO COSA A QUE AFERRARSE, SINO QUE SE DESPOJÓ A SÍ MISMO, TOMANDO FORMA DE SIERVO, HECHO SEMEJANTE A LOS HOMBRES; Y ESTANDO EN LA CONDICIÓN DE HOMBRE, SE HUMILLÓ A SÍ MISMO, HACIÉNDOSE OBEDIENTE HASTA LA MUERTE, Y MUERTE DE CRUZ. POR LO CUAL DIOS TAMBIÉN LE EXALTÓ HASTA LO SUMO.
>
> FILIPENSES 2:5-9

No podemos tener un concepto mayor de nosotros mismos que el que tenemos de nuestro cónyuge. Esto es fundamental. Muchos asumen actitudes irrespetuosas porque se sienten superiores o más capacitados que el otro. Creen que están en un lugar de preeminencia por autoridad espiritual, inteligencia, ingresos económicos, posición de liderazgo, apellido, ser hombre o por la razón que sea. El pasaje bíblico de 1 Pedro ordena que ambos nos demos el mismo trato que aparece allí y en los próximos versículos.

Además de lo citado antes, ese «mismo sentir» también significa unidad en cuanto a la fe, al concepto de crianza de los hijos, a la administración financiera, al trato con la familia extendida, etc. Ser de un mismo sentir requerirá de mucha comunicación a fin de poder armonizar y adoptar la misma filosofía o visión de la vida matrimonial y familiar. Ambos tenemos la responsabilidad de ponernos de acuerdo con antelación. No obstante, si algo nos toma de sorpresa, tenemos que trabajarlo con diligencia, comunicándonos para evitar los choques de dirección y de paradigmas. Muchas veces es más sencillo que un consejero ayude a descubrir y detectar las grandes diferencias en la pareja. El enamoramiento o la falsa fe de los que ya están emocionalmente ligados les impide ver con claridad esas cosas. Por eso creo que la ayuda de un consejero sería ideal.

Cada vez que descubrimos que no estamos «hablando el mismo idioma» en algún tema, tenemos que conversarlo para ponernos de acuerdo. Debemos escuchar cuáles son los criterios de nuestro cónyuge sobre el asunto, pesar con seriedad su punto de vista y expresarle también nuestra visión al respecto. Asimismo, después de analizarlo juntos, tomar una decisión que establezca nuestra filosofía como matrimonio en esa esfera en particular. Una vez más les sugiero que consideren la intervención de un consejero que los ayude a decidir con el menor estrés posible.

## «Compasivos»

La definición de la palabra «compasión» es: «Que padece con otros. Que tiene compasión. Sentimiento de conmiseración y lástima que se tiene hacia quienes sufren penalidades o desgracias».

Esto significa que tenemos la responsabilidad de identificarnos con el dolor, la pena y los problemas que tiene nuestro cónyuge. Cuando pasa por alguna crisis, ese no es el momento para reproches ni reclamar facturas de culpas pendientes. Tampoco es el momento para ofrecerle recomendaciones e instrucciones de cómo resolver el problema, pues lo único que la otra persona necesita es un hombro donde llorar y nada más. La persona compasiva provee el espacio, el tiempo y la sensibilidad para escuchar y servir de desahogo al otro.

El compasivo entiende que no tiene el llamado a aconsejar, sino solo a acompañar de forma pasiva a la persona en necesidad de apoyo. Si tuvieras recomendaciones que hacerle, espera a que te pida un consejo acerca de qué hacer. Luego, si no lo hace, limítate a preguntarle si quiere un consejo. No te incomodes si te dice que no. Acepta que solo necesitaba tu apoyo emocional para sentirse escuchada.

Qué bueno es cuando nuestro cónyuge representa ese papel de apoyo silente, pues evitamos la tentación de buscar otro hombro donde llorar y otros oídos que nos escuchen y que nos pasen la factura después de suplir nuestra necesidad. Con esto, solo evitamos enlazarnos de manera emocional con otra persona que no sea nuestro cónyuge.

### «Amándoos fraternalmente»
El amor fraternal es el «afecto entre hermanos o entre quienes se tratan como tales». Esto significa que la palabra recomienda que, además de ser esposos, tenemos que aprender a ser hermanos y darnos el afecto propio de este vínculo. Ambos tenemos la responsabilidad de cultivar la hermandad. Esta clase de relación es muy necesaria porque cuando llegan esos momentos en los que no se puede intimar sexualmente por causa de, por ejemplo, la cuarentena después de un embarazo, una operación quirúrgica que requiera convalecencia, etc., la relación continúa hermosa, cordial y pacífica, sin tensiones en ninguno de los dos.

Ambos sabían que momentos así podían llegar y se sienten cómodos en esperar, sobre todo cuando el que está sano afirma al otro diciéndole que lo más que lo satisface es poder servirle en un momento tan especial como ese. Le afirma comunicándole que obrará para bien el proceso de abstinencia porque el reencuentro será más intenso, excitante e interesante.

Además, el espíritu fraternal fomenta que la pareja practique la búsqueda del rostro de Dios juntos. Cuando nos sentimos hermanos en Cristo, se nos hace más fácil tomarnos de las manos y orar. Los hermanos hablan de sus cargas y preocupaciones en oración e interceden unos por otros, algo que es muy raro entre las parejas de casados que no practican el amor fraternal.

### «Misericordiosos»

«Misericordia» es, por definición, «el atributo de Dios, en cuya virtud perdona los pecados y se compadece de las miserias de sus criaturas».

Dios nos da la responsabilidad de cultivar la virtud de ser misericordiosos el uno con el otro. Recuerden que la misericordia se aplica cuando el otro ha cometido una falta o ha pecado. También la misericordia se compadece de los defectos de personalidad que tenemos todos y por eso soporta con paciencia esas diferencias. Así que vamos a tratar de no ser tan duros e intransigentes cuando el otro cometa un error, pues «con el juicio con que juzgáis, seréis juzgados, y con la medida con que medís, os será medido» (Mateo 7:2).

Cuando somos perfeccionistas y muy exigentes, casi siempre tratamos a los demás de la familia con reproches y críticas. Con quien más se peca en este sentido es con el cónyuge. Dios se va a encargar de que cometamos errores y así mostrar nuestras debilidades. Entonces, seremos capaces de bajar «la guardia» al entender que también cometemos torpezas que requerirán de la misericordia de los demás para que no nos caiga encima la «avalancha».

Dios es lento para la ira y grande en misericordia. Por lo tanto, tenemos que imitarlo a Él. Recuerda que orando y dedicando tiempo para la lectura de las Escrituras irás adquiriendo una nueva personalidad que será más cercana al carácter de Jesús. ¡Qué bueno! ¿Verdad? No tenemos que resignarnos a ser como somos toda la vida.

> DE MODO QUE SI ALGUNO ESTÁ EN CRISTO, NUEVA CRIATURA ES; LAS COSAS VIEJAS PASARON; HE AQUÍ TODAS SON HECHAS NUEVAS.
>
> 2 CORINTIOS 5:17

### «Amigables»

Se supone que los esposos comenzaron siendo amigos, luego novios y terminaron siendo marido y mujer. La voluntad de Dios es que mantengamos los lazos de amistad y las actividades propias de cuando éramos amigos para que sigamos disfrutando de una relación fresca y agradable a lo largo del camino. Tenemos que hacer un esfuerzo consciente para mantener un equilibrio entre las demandas serias de la vida y la jovialidad que descubrió el «arte de perder el tiempo» disfrutándose el uno al otro en actividades triviales.

La vida de los casados está llena de responsabilidades «administrativas», además de las presiones del trabajo, los hijos en formación, la casa, etc. La misma relación matrimonial representa otra presión emocional cuando empiezan las dificultades y los consecuentes alejamientos. De ahí que tengamos que hacer muchas «paradas» en el camino para refrescar nuestra relación de amistad.

Es de matrimonios sabios y maduros hacer actividades propias de amigos, como jugar, ver juntos una buena película, salir a cenar y ver algún espectáculo digno, conversar sobre recuerdos de la niñez o juventud, jugar juegos de mesa y reír mucho. Todo lo anterior será parte de las cosas que tendremos que planificar si ambos estamos de acuerdo en la importancia de «relajarnos». Ambos tienen que asumir la responsabilidad de planificarlo, pues si dejan que surja de manera espontánea, rara vez se va a dar. Ninguno debe esperar por el otro, sino que ambos deben asumir la iniciativa.

No dejen que la seriedad de la vida les haga perder la chispa de una vida jovial. Sean siempre amigos y «jueguen» durante todas las etapas del matrimonio.

### «No devolviendo mal por mal, ni maldición por maldición, sino por el contrario, bendiciendo»

No creo que esto merezca mucha discusión. Bendice al que te maldiga. Eso solo lo pueden hacer los hijos de Dios. Todo el que bendiga de manera incondicional, así también será bendito de parte de Dios.

> Oísteis que fue dicho: Ojo por ojo, y diente por diente. Pero yo os digo: No resistáis al que es malo; antes, a cualquiera que te hiera en la mejilla derecha, vuélvele también la otra; y al que quiera ponerte a pleito y quitarte la túnica, déjale también la capa; y a cualquiera que te obligue a llevar carga por una milla, ve con él dos. Al que te pida, dale; y al que quiera tomar de ti prestado, no se lo rehúses.
>
> MATEO 5:38-42

Aunque no tengas la disposición de seguir estas recomendaciones al pie de la letra, al menos practica el no devolver mal por mal. De lo contrario, lo único que lograrás es empeorar las cosas y darle excusas al necio para justificarse.

### «Refrene su lengua de mal, y sus labios no hablen engaño»

Uno de los mayores retos de un matrimonio es el uso adecuado y apropiado de la lengua. Refrenarla es una de las cosas más difíciles para un ser humano y, para los casados, ¡más todavía!

> Si alguno se cree religioso entre vosotros, y no refrena su lengua, sino que engaña su corazón, la religión del tal es vana.
>
> SANTIAGO 1:26

> Si alguno no ofende en palabra, este es varón perfecto, capaz también de refrenar todo el cuerpo. He aquí nosotros ponemos freno en la boca de los caballos para que nos obedezcan, y dirigimos así todo su cuerpo. Mirad también las naves; aunque tan grandes, y llevadas de impetuosos vientos, son gobernadas con un muy pequeño timón por donde el que las gobierna quiere. Así también la lengua es un miembro pequeño, pero se jacta de grandes cosas. He aquí, ¡cuán grande bosque enciende un pequeño fuego! Y la lengua es un fuego, un mundo de maldad. La lengua está puesta entre nuestros miembros, y contamina todo el cuerpo, e inflama la rueda de la creación, y ella misma es inflamada por el infierno. Porque toda naturaleza de bestias, y de aves, y de serpientes, y de seres del mar, se doma y ha sido domada por la naturaleza humana; pero ningún hombre puede domar la lengua, que es un mal que no puede ser refrenado, llena de veneno mortal. Con ella bendecimos al Dios y Padre, y con ella maldecimos a los hombres, que están hechos a la semejanza de Dios. De una misma boca proceden bendición y maldición. Hermanos míos, esto no debe ser así. ¿Acaso alguna fuente echa por una misma abertura agua dulce y amarga? Hermanos míos, ¿puede acaso la higuera producir aceitunas, o la vid higos? Así también ninguna fuente puede dar agua salada y dulce.
>
> SANTIAGO 3:2-12

Los matrimonios más estables son precisamente los que mejor han controlado los impulsos de la lengua. Son los que no hablan cuando hay mucha irritabilidad, a fin de evitar decir cosas de las que se tengan que arrepentir después. Dios nos exige a ambos que asumamos la responsabilidad de los frutos de nuestra boca. Si prestas atención, descubrirás que el juicio es severo para los que atacan de palabras a los demás:

> Oísteis que fue dicho a los antiguos: No matarás; y cualquiera que matare será culpable de juicio. Pero yo os digo que cualquiera que se enoje contra su hermano, será culpable de juicio; y cualquiera que diga: Necio (estúpido), a su hermano, será culpable ante el concilio; y cualquiera que le diga: Fatuo (imbécil), quedará expuesto al infierno de fuego. Por tanto, si traes tu ofrenda al altar, y allí te acuerdas de que tu hermano tiene algo contra ti, deja allí tu ofrenda delante del altar, y anda, reconcíliate primero con tu hermano, y entonces ven y presenta tu ofrenda. Ponte de acuerdo con tu adversario pronto, entre tanto que estás con él en el camino, no sea que el adversario te entregue al juez, y el juez al alguacil, y seas echado en la cárcel. De cierto te digo que no saldrás de allí, hasta que pagues el último cuadrante.
>
> MATEO 5:21-26

Dios es muy serio cuando se trata de insultos proferidos contra otra persona, independientemente de que hayamos tenido razones para hacerlo. El bueno se conoce por el contenido de sus palabras, así como también el malo:

> O haced el árbol bueno, y su fruto bueno, o haced el árbol malo, y su fruto malo; porque por el fruto se conoce el árbol. ¡Generación de víboras! ¿Cómo podéis hablar lo bueno, siendo malos? Porque de la abundancia del corazón habla la boca. El hombre bueno, del buen tesoro del corazón saca buenas cosas; y el hombre malo, del mal tesoro saca malas cosas. Mas yo

> OS DIGO QUE DE TODA PALABRA OCIOSA QUE HABLEN LOS HOMBRES, DE ELLA DARÁN CUENTA EN EL DÍA DEL JUICIO. PORQUE POR TUS PALABRAS SERÁS JUSTIFICADO, Y POR TUS PALABRAS SERÁS CONDENADO.
>
> MATEO 12:33-37

Ocioso significa «sin fruto». Las palabras ociosas son esas que no dan fruto, que no dan resultados positivos.

¡No hay nada más que añadir! ¿Verdad?

### «Busque la paz, y sígala»

La Biblia tiene promesas para los que buscan la paz:

> BIENAVENTURADOS LOS PACIFICADORES, PORQUE ELLOS SERÁN LLAMADOS HIJOS DE DIOS.
>
> MATEO 5:9

La paz hay que buscarla, no viene sola. Hay que seguirla, porque se puede tener y perder con mucha facilidad. Cuando haya ocurrido el quebrantamiento de la comunión, procura reconciliarte con rapidez. No lo dejes para después porque el tiempo lo único que hace es complicarlo más. Solo espera el tiempo necesario para que bajen los «humos». Entonces, tan pronto se pueda, disponte a lograr la reconciliación. No debe pasar más de un día.

Hay quienes se mantienen «trancados» y se justifican diciendo que están evitando más problemas. La dificultad estriba en que aunque no están peleando ni discutiendo, no obstante, tampoco están buscando la reconciliación. Están en sus respectivas «trincheras» y lo único que logran es evitar que los hieran más. Sin embargo, la orden de Dios es que nos «arriesguemos» para reconciliarnos hasta lograrlo. Uso el término «arriesgar» porque en el intento es posible que se revuelva el avispero. A pesar de eso, si estás decidido a no enredarte en la red de la discusión, tu cónyuge discutirá solo. Así que... ¡échale el cuerpo al agua y procura el acercamiento!

• • • CONSEJOS PARA EVITAR Y MANEJAR CONFLICTOS • • •

# Las crisis son oportunidades de crecimiento

Para mantener un matrimonio saludable a través del tiempo tenemos que enfocarnos en lo que la sabiduría considera ideal dentro de lo real hacia la meta. Dicho sea de paso, en mi experiencia como pastor consejero matrimonial he observado que las parejas restauradas desarrollan una mejor calidad de vida que las que nunca han pasado por un proceso de restauración. ¿Qué explicación puedo darte? Pues que la crisis los puso en la necesidad y los obligó a aplicar los principios de la Palabra de Dios como la única y la última oportunidad para lograr estabilizar y darle permanencia a la relación. Las crisis obran para bien…

Cuando hemos fracasado lo suficiente, dejamos de confiar en nosotros mismos porque somos conscientes que tenemos todas las capacidades para destruir una familia entera. Por lo tanto, estamos dispuestos a aplicar cualquier remedio que nos presenten. Si por la gracia del Señor te topas con los consejos de Dios para el matrimonio, ganaste «el gordo de la lotería». Por esto, muchas parejas restauradas se convierten en el modelo a seguir y terminan educando y discipulando a otros matrimonios que los rodean.

Para las parejas comunes, vivir a esta altura les parece una utopía o una ridiculez de los idealistas matrimoniales. Tener que aplicar estos preceptos parece tan difícil que lo postergan, lo dejan para más adelante y lo siguen posponiendo hasta que abandonan la idea. Es lamentable, pero sufrirán las consecuencias. Mantendrán una relación agonizante por el uso de métodos equivocados a fin de mantener la relación.

Es obvio que los que más sufrirán las consecuencias de tal irresponsabilidad son los hijos, quienes no pidieron venir al mundo. Para ellos, el mayor gozo es estar rodeados de padres que se amen mucho. Necesitarán la afirmación de que ellos son la recompensa de ese amor. Es triste que la mayoría de los niños no se sientan así, sino que guarden temores e inseguridades en silencio por el ambiente que prevalece entre sus padres.

La meta de toda pareja es darles a sus hijos un futuro digno. Poder disfrutar a plenitud de ellos durante toda la vida y ofrecerles de igual modo a sus nietos un ambiente familiar de gozo y alegría donde a todos les guste estar. Esto es darse a la tarea de estudiar y descubrir el poder del amor en todos sus contextos. Aun así, lo más importante es crecer y desarrollarse en el amor conyugal.

El que madura y crece en el amor conyugal podrá superar todas las dificultades, los retos y las experiencias dolorosas que puedan ofrecer en todos los contextos las relaciones interpersonales. El que vence los desafíos del amor más perfecto es capaz de vencer cualquier obstáculo de cualquier otra relación. Por lo tanto, esa debe ser nuestra meta.

## El amor más completo o perfecto sobre la tierra

El amor más perfecto que existe sobre la tierra es el del esposo hacia la esposa y de la esposa hacia el esposo. Culturalmente se dice que el amor más perfecto que existe en el mundo es el de las madres. No estoy de acuerdo y voy a explicar el porqué.

Reconozco que el amor materno es muy especial, muy grande y tiene características hermosas. No le quito mérito a esa clase de amor. Ahora bien, cuando hablo de un amor perfecto me tengo que referir al amor matrimonial, pues la misma Escritura nos enseña que ese es el amor más parecido al amor de Dios hacia la iglesia.

Lo defino como el amor perfecto porque volviendo al amor materno-filial, una madre y un hijo comparten una esencia genética. En otras palabras, una madre puede verse a sí misma en sus hijos debido a los genes heredados. Un padre también comparte características similares porque hasta el temperamento se hereda. Por cuanto hay una herencia en común, se provoca una unidad única entre ellos.

Así que me parece que es más fácil para un padre y una madre amar un hijo que los esposos amarse entre sí. El esposo y la esposa no comparten material genético. Tienen trasfondos culturales, sociales y familiares diferentes por completo. Los hijos y los padres vienen de un lugar común, surgen de la misma fuente familiar, de un vientre y de un mismo hogar. De manera que aprender a amar y mantener el amor entre dos seres tan diferentes como lo es en el matrimonio requiere mucho más esfuerzo y perseverancia que el amor entre los que comparten la misma sangre.

## El amor materno-filial se dirige a la separación

A lo anterior se le suma la realidad de que todo el proceso materno filial desde que comienza se dirige hacia la separación. Desde que lo lleva en el vientre, el proceso natural lo dirige hacia la salida del vientre. Desde que comienza a lactar el proceso lo dirige hacia el destete. Según va creciendo el niño, lo adecuado es la independencia natural hasta que se convierte en una persona con la capacidad de decidir por sí mismo, inclusive de escoger la persona con la que se va a casar.

Luego, el casamiento representa el dejar o separarse del padre y la madre, y unirse a su cónyuge para crear su propia familia. Aunque hay muchísimo amor en todo este proceso natural, cuando llegan los nietos... ¡ni hablar del asunto! Sin embargo, tenemos que estar de acuerdo en que el amor consanguíneo no es el amor perfecto porque en muchos aspectos nos conduce a la separación física, financiera, de autoridad y, en cierto sentido, de manera emocional también.

En cambio, un hombre procedente de otro trasfondo familiar, de otra composición o herencia genética, se encuentra con una mujer de trasfondo familiar y contenido genético diferente y deciden amarse. Esto va a representar una unión que requerirá mucha energía para mantenerse junta y unida. Ambos son desconocidos en su totalidad y tienen orígenes diferentes por completo.

En el proceso de conocerse y agradarse pretenden acoplar esas diferencias. Todos esos trasfondos diferentes, ese material genético distinto, esos temperamentos tan opuestos el uno del otro, la pareja trata de unirlos y acoplarlos. En otras palabras, no tienen casi nada en común, en función de crianza y de formación, pero tratan de unirse para hacer de esa relación la unión más íntima y perfecta. Imagínense que, además, tienen el potencial de producir vida y procrearse.

En el camino a largo plazo comienzan a descubrir lo difícil que es caminar juntos, en armonía, si no se aman con el amor de Dios. Es prácticamente imposible que esa relación sea una relación rica, hermosa y gratificante, que sea duradera y se mantenga llena de vida y de gozo a través de los años. Si no es por el amor de Dios, es difícil que envejezcan juntos sintiendo la alegría de haber caminado a lo largo de la vida en unidad. Es casi imposible, porque estamos hablando de dos seres del todo diferentes. Para unir esos dos seres y hacerlos caminar juntos y valorarse, estimarse, respetarse y honrarse el uno al otro, ¡se requiere del amor de Dios y su santa ayuda!

Ese amor perfecto debe ser el que tenga la naturaleza de permanencia en todos los sentidos, donde nunca nos alejamos, nunca nos separamos. Todo lo tenemos en común, todo lo que logramos nos dirige a unirnos y acercarnos cada vez más, hasta que la muerte nos separe. El proceso natural de un matrimonio conduce a los cónyuges a un mayor acercamiento y unidad debido a que la experiencia de la paternidad hará que ambos se vean mezclados en la imagen de una hermosa criatura, maravillándose de ver en carne y hueso el milagro de la unidad.

Ahora tal vez estés de acuerdo conmigo al creer que el amor perfecto y el más completo es el matrimonial. Esto se debe a que se requiere de un poder que no existe en este mundo. El amor que une un matrimonio a ese nivel es el amor que solo viene del Reino de los cielos, solo viene por medio del Espíritu de Dios, y el que recibe su Espíritu tiene la capacidad de amar así. Es obvio que tendremos que hacer morir las obras de nuestra carne que siempre querrán batallar contra los designios del Espíritu. Si le damos más espacio al Espíritu, venceremos.

En lo personal, no he conocido a ninguna pareja que sea feliz de verdad sin tener al Señor en sus corazones. Aun los que dicen que tienen un matrimonio maravilloso sin ser religiosos y declaran «que su esposo es una maravilla y su mujer es alguien encantadora», cuando nos sentamos a entrevistarlos, encontramos que la «piña está agria». Al conversar con ellos salen muchas cosas a la luz. Todos esos «matrimonios modelos» empiezan a relatar con sinceridad todo lo que han sufrido en la intimidad. En ocasiones, uno de los dos, o ambos, están guardando algo y se resignan a la situación de apariencias. Esa no es la voluntad de Dios que desea que la relación matrimonial vaya de gloria en gloria, así como nuestra relación con Él. Si el Señor no está en medio, es muy difícil que prospere la relación.

Entonces, ¿por qué digo que el amor matrimonial es el amor más perfecto? Porque cuando alguno de la pareja busca a Dios hasta el punto de entregarle el dominio de su vida y su matrimonio, aprende a amar como Él ama y a valorar al otro por fe. Aprende a honrar por obediencia, a caminar en armonía, pues decidió confiar en que Dios enderezaría los pasos equivocados. A decir verdad, crea un ambiente idóneo de bendición donde Dios opera para la transformación de todos los de la casa. Cada dificultad de acoplamiento la pudieron superar gracias a los frutos del Espíritu que uno de los dos decidió desplegar.

Por eso siempre he creído que para destruir un matrimonio hacen falta dos, pero para componerlo o restaurarlo solo hace falta uno.

## Solo lo logran los que alcanzan madurez en Dios

Gracias a esa persona madura en Dios, en vez de chocar, ahora se complementan. Además, canaliza lo de ambos para complementarse el uno al otro, a fin de hacer del matrimonio algo mucho mayor de lo que eran en su realidad individual. Ahora debes de estar de acuerdo conmigo al concluir que la clase de amor que hay que aplicar a esta clase de relación matrimonial es el amor más perfecto que existe, el amor de Dios. Es el amor que requiere mucho más que lo que se espera de un padre, de una madre y de un hijo.

Por esa razón, la pareja que descuida su relación con Dios está descuidando de manera automática su relación el uno con el otro. Aunque no quieras creerlo ni aceptarlo, al descuidar tu relación con Dios, tu matrimonio sufrirá las consecuencias al instante. Empezarás a tener desavenencias debido a que lo único que produce una armonía llena de gozo es el Espíritu de Dios. El único que tiene la capacidad de amansar, apaciguar y dotarnos de una sabiduría humilde es Jesús. El Espíritu de Dios es el único que te da la capacidad para poder lograr la meta de vivir una relación con tu cónyuge como Cristo la sueña para Él con la Iglesia.

Debo aclarar que no se trata de asistir a la iglesia, ya que varios de sus miembros se están divorciando. El asunto es invocar a Dios y su Reino en tu casa, entre tu cónyuge y tú, entre tus hijos y ustedes. En las peores condiciones es invocar a Dios por tu propia cuenta y perseverar en ello aunque nadie te acompañe. Es creer que Dios y tú pueden convertirse en agentes de cambio para toda la familia.

## NO TRATES DE OBTENER DE TU CÓNYUGE LO QUE NO TIENE

Si entiendes que para poder suplir tus necesidades lo que tu cónyuge necesita es a Dios, ¿lograras algo con exigirle lo que no sabe que tiene? ¿Haces bien en tratar de «sacudir» de manera emocional a tu cónyuge para sacarle lo que necesitas? No «golpees» las emociones de tu cónyuge con demandas y exigencias como el que quiere sacarle el agua dulce a un coco. No trates de obtener de tu cónyuge lo que no entiende. Lo que necesita es que el Espíritu de Dios lo capacite y lo llene de iniciativas de amor. En última instancia, que lo libere.

Por lo tanto, lo más sabio es modelarle a Cristo, sorprenderlo con tu comportamiento y por testimonio ayudarlo a crecer espiritualmente. Entonces, a medida que crezca, la relación será cada vez mejor. Aportar a la vida espiritual de tu cónyuge es lo más sabio que puedes hacer para cooperar con el Espíritu Santo a que crezca en Dios.

Prepárate bien porque no es fácil. Sentirás como si todo el peso del matrimonio está solo sobre ti. Sentirás que no es justo que solo tú tengas que pagar un precio tan alto. En la eternidad llegarás a entender a cabalidad cuánto costó restaurar a tu familia, y quizá solo allí recibas la recompensa digna de tanto esfuerzo.

## Huye de la vagancia espiritual y procura animar a tu cónyuge

Por esto mismo, no podemos ni por pena ni consideración humana apoyar a nuestro cónyuge cuando se pone haragán y no quiere congregarse. Cuando observamos que está dedicando demasiado tiempo al trabajo, pasatiempos, o a otras cosas, y se está desconectando de Dios, tenemos que intervenir, reaccionar a tiempo y mostrar preocupación. No estoy diciendo que ahora saques la Biblia para llamarle la atención disparando versículos. Esa nunca ha sido la forma sabia de estimular a una persona para que busque a Dios. Sin embargo, cuando empiece a buscar excusas, ruégale que te acompañe a la iglesia. Prométele ayudarlo en lo que sea necesario cuando regresen a la casa. Muéstrale aflicción si no te acompaña, pero no dejes de ir a no ser que el hacerlo provoque una crisis. Si eso sucede, habrá que buscar alternativas y soluciones al asunto.

Si insiste en no querer ir por trivialidades, decide ir tú, aunque no te acompañe. No caigas en la trampa de dejarte manipular por el pensamiento de que te sientes mal cuando vas sin compañía debido a que las demás parejas asisten juntas a la iglesia. No te dejes llevar por el malestar que te produce el interés de los hermanos cuando preguntan por tu cónyuge. Tampoco te permitas sentirte intimidado por la idea que lo estás descuidando al dejarlo solo, y que tu deber es evitar que vaya a hacer algo indebido por tu culpa y que deberías quedarte en la casa acompañándole. Repito, a no ser que el congregarte produzca un caos, sigue haciéndolo y no le permitas a ninguno de tus hijos quedarse tampoco. Enfréntate a lo que sea, pero no te dejes dominar por el desánimo, la frustración y el cansancio que produce todo esto, pues hoy es uno y mañana serán dos, y pasado mañana toda la familia.

Cuando se vayan a dormir, si ninguno ha tomado la iniciativa de invocar al Señor en oración, asúmela tú. ¡No lo mandes a orar! Hazlo tú. En un momento dado alza la voz y ora por tu cónyuge para que te oiga y reciba la bendición. Acuérdate que invertir en la vida espiritual de tu cónyuge es invertir en el matrimonio y en toda la familia. Haz lo mismo con tus hijos. Reúnelos a orar aunque solo seas tú y ellos. Pasado el tiempo, descubrirás lo valiosos que fueron los momentos de oración que pasaron juntos para la protección y el desarrollo sano de tu familia, gracias a que no te rendiste y perseveraste creyendo que Dios sería fiel en responder.

## LO QUE CAUTIVA EL CORAZÓN DE LOS CASADOS: AMOR ROMÁNTICO Y RESPETO

Cuando las parejas se van a casar, les pregunto durante la ceremonia: «¿Quieren saber el secreto para mantener a su cónyuge enamorado para toda la vida?».

Ansiosos por saber, como es obvio, me responden de manera afirmativa y escuchan con mucha atención mi respuesta: «A la mujer: En las buenas y en las malas, háblale con mucho respeto a tu marido y ofrécele servicios VIP. Al hombre: Rodéala de mucho amor romántico y háblale con amor tanto en los buenos momentos como en los malos».

Por lo general, observo entre el público personas a las que les corren las lágrimas cuando escuchan este consejo, pues es probable que tocara las fibras más íntimas de una necesidad que no se ha suplido durante el tiempo que llevan de casados. Algunos que me vienen a felicitar me comentan con jocosidad que si hubieran sabido ese precepto tan sencillo de vida matrimonial, no hubieran tenido tantos problemas.

Es lamentable que para la mayoría de las parejas no sea común el mantener estos dos elementos que tanto edifican y fortalecen la relación. Cuando practicamos de modo coherente el amor romántico, los niveles de tolerancia por las cosas que no necesariamente son de su agrado se elevarán de manera automática. Cuando la esposa practica el respeto constante, el esposo elevará, aun sin darse cuenta, sus niveles de tolerancia por las cosas que no le resultan agradables. ¿Por qué sucede esto? Porque en cada uno de nosotros existe una profunda necesidad diseñada por Dios con el propósito de que la supla nuestro cónyuge. Las esposas necesitan el amor romántico. Los esposos necesitamos sentirnos respetados.

Esa necesidad de trato especial forma parte de los dos, ya sea que lo merezcamos o no. Por lo tanto, cuando intentes resolver un conflicto con tu esposa, que de seguro lo ha provocado ella por algún error cometido, tienes que corregirla en amor porque no digerirá nada que esté fuera de ese estilo de trato amoroso y romántico. De la misma manera, cuando tu esposa te afronta debido a tus torpezas, tiene que hacerlo con respeto porque ese es el único idioma al que respondemos nosotros.

## Fundamentos básicos de una relación matrimonial saludable

Cuando una relación que ha sufrido una caída de cualquier tipo que los dañó, los separó, los hirió en lo más profundo y, sin embargo, decidieron restaurar y darse una oportunidad, tienen que restablecerse los fundamentos básicos de una relación matrimonial saludable. Tendrán que dedicarse a desarrollar el arte de lo que mantiene cautivo el corazón de los casados por toda la vida. En el caso de los hombres, deberán hacerlo en el amor romántico, ya que esa es la mayor necesidad de las esposas. Y en el caso de las mujeres, necesitarán desarrollar el arte del trato respetuoso y las atenciones especiales, pues esa es la mayor necesidad de los hombres.

En las últimas exhortaciones que el apóstol Pablo ofrece a los matrimonios enfatiza las cosas que cautivan el corazón de los casados. Así como el romanticismo conquista el corazón de las mujeres, el respeto le encanta a los hombres. Las mujeres deben entender que lo que alimenta su corazón no es necesariamente lo mismo que alimentará el de sus esposos. Por eso, la mayoría de los hombres tendrá que actuar por fe en lo que respecta a cumplir con su deber conyugal debido a que lo que tienen que hacer, que es ser romántico, no los llena a ellos.

De igual forma, la mujer que quiere cumplir con su deber conyugal tendrá que aceptar por fe que los tratos respetuosos y las «atenciones de señor importante», como ellos lo definen, es lo que los mantiene enamorados, aunque a la mujer no le dé mucho gusto hacerlo. Sin duda, las preguntas asaltarán tu mente y batallarán por resolver si esa necesidad es solo de los machistas o de todos los hombres. No obstante, al igual que a los hombres, te sentirás cómoda ofreciendo estos tratos solo cuando por fe entiendas que la vida es así y contra ella no se puede luchar porque vas a perder.

El esposo tendrá que establecer o crear de nuevo un ambiente de romance, si es que quizá nunca antes existiera. Mi recomendación a toda mujer que quiere darle una nueva oportunidad a su esposo es que antes de recibirlo otra vez se asegure que él aprenda y desarrolle una actitud de romanticismo. Si no lo logra antes de la restauración, no lo conseguirá después. Entonces, esa mujer se quedará con una profunda decepción porque cedió para volver a lo mismo, al menos, en lo que respecta al romance. ¡Mujer, oblígalo a crecer en el romanticismo! ¡No vuelvas a entregarte tan rápido!

La mayoría de las mujeres que no espera es porque teme a que él no aguante la carga y se vaya con otra. En el amor, toda decisión que se toma por miedo es equivocada. La Biblia nos enseña que el perfecto amor echa fuera el temor. Por lo tanto, no temas perderlo. Si en verdad te ama, peleará la «buena batalla» por ti. ¡Qué pena que no se valoren lo suficiente! Porque si se va con otra, era porque sucedería tarde o temprano. Por lo tanto, ¿qué pierdes si se va porque no puede con el reto que le has puesto? Piénsalo...

En resumen, lo que para una mujer es el romance, para el hombre es el respeto. A ella el romance la mantiene enamorada, mientras que a él lo enamora el trato respetuoso. Contra esta verdad no se puede luchar.

El respeto no se limita estrictamente a la manera en que una mujer le habla a su esposo, ni al modo de enfrentarlo, ni al hecho de evitar darle órdenes. Hay otros tratos que para él representarían una forma respetuosa de servirle. Los hombres están acostumbrados a ver a sus esposas servir a toda la familia. Cuando ella no hace diferencia en la forma de servirle comparado con el resto de la familia, puede echarlo de menos y en ocasiones resentirlo, aun sin darse cuenta.

••• CONSEJOS PARA EVITAR Y MANEJAR CONFLICTOS •••

# ¿QUÉ SON LOS SERVICIOS VIP?

Cuando una persona se considera muy importante, le llamamos VIP. Se trata de la sigla que compone el conjunto de iniciales de la expresión *Very Important Person* [Persona muy importante]. En muchos lugares del mundo, tales como restaurantes y hoteles, se utiliza a menudo este término para identificar a esas personas a las que hay que darle un servicio muy especial. Un trato a la altura de una persona muy importante. El mundo reconoce a esas personas y la Escritura también. La Biblia dice que al que merece honra hay que darle honra.

> PAGAD A TODOS LO QUE DEBÉIS: AL QUE TRIBUTO, TRIBUTO; AL QUE IMPUESTO, IMPUESTO; AL QUE RESPETO, RESPETO; AL QUE HONRA, HONRA.
>
> ROMANOS 13:7

> COMO SARA OBEDECÍA A ABRAHAM, LLAMÁNDOLE SEÑOR; DE LA CUAL VOSOTRAS HABÉIS VENIDO A SER HIJAS, SI HACÉIS EL BIEN, SIN TEMER NINGUNA AMENAZA.
>
> 1 PEDRO 3:6

> NADA HAGÁIS POR CONTIENDA O POR VANAGLORIA; ANTES BIEN CON HUMILDAD, ESTIMANDO CADA UNO A LOS DEMÁS COMO SUPERIORES A ÉL MISMO.
>
> FILIPENSES 2:3

Entre otras, esta palabra exhorta a la mujer a darle un trato VIP a su esposo. Como no especifica si solo debe ser en caso de que lo merezca, y Dios se distingue por dar cosas inmerecidas, debes darle siempre ese trato. Ahora bien, para los efectos del hombre, si no ves a tu esposa como si fuera superior a ti, no serás capaz de darle la clase de amor y de honra que exige Dios que le des. Entendamos que no se trata de que la persona lo merezca, sino de quién te mandó a amar y honrar así. Dios sí merece que lo obedezcamos y, además, sabe galardonar a los que le honran.

Las mujeres inteligentes, que se aman de manera saludable, que saben quiénes son y hacia dónde van, que son libres, que conocen todas las capacidades que tienen, decidieron entregarse a un hombre porque él se la ganó. A esas mujeres les va a costar mucho trabajo respetar a un hombre tal como lo ordena la Escritura. Ya que ese tipo de mujer siente que tiene tanto valor propio, que tratar a un hombre con servicios VIP le resulta muy difícil. Lo puede ver denigrante, sobre todo cuando siente que él no se lo merece. Algunas juzgarán este mensaje como «chovinista» o «machista». Y con eso en mente «borran» (eliminan) la idea. Mi consejo es: «Escúchenlo todo, retengan lo bueno y desechen lo malo, pero cuídense de no desechar a Dios».

Como me encanta la verdad, tengo que enseñarla con el mismo equilibrio que tiene la Escritura. Por eso tengo que decirte que para poder respetar a un hombre como él lo necesita tendrás que recurrir también a Dios y a «su santa ayuda». Asimismo, para que un hombre después de casado pueda mantenerse romántico, necesitará a Dios. Su nivel de romanticismo será una variable que responda a su vida espiritual. Sin embargo, en la mujer, su capacidad de tratar con respeto a su esposo y darle servicios «especiales» será lo que mida la salud de su vida espiritual. Para poder dar ese grado de honra a una persona que muchas veces, o algunas, será indigna de ella, ambos tendrán que estar bajo el control del Espíritu Santo.

Para los que tienen cónyuges que no son creyentes, la estrategia es ganarlo para ti primero y luego ganarlo para Cristo. Las parejas educadas en la sabiduría de estos dos preceptos de vida alcanzan los veinte, treinta o más años de casados y todavía disfrutan de estar enamorados, aun cuando han pasado por momentos difíciles.

## El efecto de la llegada de los hijos

Muchos hombres empiezan a secarse y debilitarse en el romance cuando llegan los hijos. Poco a poco comienza un alejamiento de su esposa, ya que ahora todas las atenciones se desvían para los niños, descuidando así el lugar especial que tenía. Esta esposa ahora está las veinticuatro horas, los siete días de la semana, alrededor de sus hijos y no se da cuenta que está haciendo una excepción que se alarga por varios años. El esposo comienza a sentirse solo aun dentro de su propio hogar. Los hijos comen primero, ya que tienen la prioridad del tiempo, al igual que los cariños que también se centran en ellos. ¡Este es un grave error!

Los niños nunca deben ser los primeros en el hogar, sino el esposo. Él tiene que ser la persona más importante en cuanto a atenciones se refiere. Al primero que hay que servir, al que hay que cuidar. Si tu marido es muy considerado y te dice: «Mi amor, no te preocupes, yo me las arreglo solo, atiende tú a los niños», no tomes en cuenta esas palabras. Atiéndelo primero a él, pues eso lo va a impresionar. Él lo necesita, no por machista, sino porque Dios lo creó así. Entonces, si tú no quieres que se aleje de manera emocional, rodéalo de servicios de primera. Esposa, sírveles a tus hijos en platos de plástico si así lo quieres, pero a tu esposo en «loza y vajilla» porque es un VIP. No obstante, si te dice: «No mi amor, no, dámelo de plástico, para que no pases trabajo», debes tener presente esto, escúchame bien, ¡que sea VIP todo el tiempo!

Es muy probable que cuando los esposos se sientan bien atendidos y vean a sus esposas «ahogadas» con los cuidados de los hijos, querrán ayudarla y asistirla en los quehaceres. Ese es el resultado de sembrar en la vida de un esposo, aunque no tenga sentido y parezca injusto. Sé fiel al consejo de Dios y Él complacerá tus peticiones.

Cuando una persona muy importante llega a tu casa, ¿quién lo recibe? ¿La mascota? ¿Los niños? No. Eso sería un desaire. Por lo tanto, dale importancia a la llegada de tu esposo a la casa y recíbelo como debes. Hay muchos maridos que llegan a su casa y tienen que buscar a su esposa por todos lados, aun cuando ella sabía que había llegado. Aunque tu esposo haya sido áspero el día anterior, recíbelo en la puerta y dale honra. Es probable que se extrañe y se pregunte: «Y ahora, ¿qué mosca le picó?». Yo contestaré esa pregunta: «¡Le picó la Palabra de Dios!».

Dicho sea de paso, cuando ella llega a la casa debe ocurrir lo mismo. Debemos dejar lo que estamos haciendo para recibirla. Quizá estés pensando: «Rey, esto es mucho protocolo, por favor». Si no haber utilizado los protocolos no te ha hecho feliz, prueba usarlos. Tú me dirás...

# capítulo 10

# CONSEJOS PARA PREVENIR Y RESTAURAR

Es evidente que los problemas surgen a menudo en los matrimonios. Entonces, cuando hay un problema, ¿a quién acudimos? Necesitamos consejos sabios que nos ayuden a prevenir las tormentas y, si es necesario, recuperar lo perdido.

## LOS HOMBRES QUE DEJAN ESPOSAS HERMOSAS POR MUJERES COMUNES

A muchas esposas les da curiosidad saber quién fue la mujer, y de qué tipo, por la que su marido le fue infiel. Se imaginan una serie de cosas en cuanto a qué fue lo que le vio a la otra que lo atrajo tanto. Cuando al final la conocen se llevan una gran sorpresa. Esa mujer no es un monumento de hermosura, ni siquiera se compara con ella en cuanto a belleza se refiere. Entonces, entran en crisis porque no entienden qué pudo haber sucedido. Sé que va a parecer fuerte lo que voy a decir ahora, pero es la verdad: Hay esposos que solo se sienten valorados como señores, atendidos como reyes y siempre tienen la disponibilidad para tener intimidad con sus amantes y ellas parecen disfrutarlos muchísimo. Para un hombre estas tres cosas son cautivantes y aun la cuarta le añade fuerza al lazo de la seducción adúltera.

¿Cuál es la diferencia? Muchas esposas se sienten seguras de tener a sus esposos comprometidos con ellas y más aun cuando ya tienen hijos. Al sentirse seguras comienzan a descuidar las cuatro esferas que cautivan a un hombre:

1. Ser valorado como señor a pesar de sus defectos.
2. Atenciones VIP.
3. Disponibilidad sexual.
4. Disfrutar de él aunque lo que tenga de bueno sea muy poco.

Estas son cosas que seducen y cautivan a los hombres.

Es obvio que para que esto se pueda dar en una mujer, tendría que caminar en dos principios: Alimentar al hombre terrenal y discipular al hombre espiritual. Debo aclarar que discipular no implica ejercer autoridad, sino educar. Por lo tanto, puede comunicar y educar a su esposo con prudencia en relación con sus necesidades de mujer. Para él será muy «digerible» lo que escuche, siempre y cuando se sienta alimentado por su esposa en cuanto a los puntos planteados arriba.

Si se siente insatisfecha y por esa razón actúa de manera irrespetuosa limitando sus «servicios de todo tipo», puede arriesgar una relación que tenía grandes probabilidades de restaurarse de forma satisfactoria. Si él hace lo mismo, la relación se convierte en un círculo vicioso de irresponsabilidad conyugal. Por lo tanto, la restauración se reduce a uno de los dos que está dispuesto a asumir la iniciativa y esperar, dándolo todo, hasta que la otra persona reaccione y decida corresponder redargüida por el comportamiento intachable del otro. ¿Quieres ser tú el que asuma la iniciativa y siembre en la relación?

## El atavío más atractivo de las mujeres

Volvamos a los deberes conyugales:

> Asimismo vosotras, mujeres, estad sujetas a vuestros maridos; para que también los que no creen a la palabra, sean ganados sin palabra por la conducta de sus esposas, considerando vuestra conducta casta y respetuosa. Vuestro atavío no sea el externo de peinados ostentosos, de adornos de oro o de vestidos lujosos, sino el interno, el del corazón, en el incorruptible ornato de un espíritu afable y apacible, que es de grande estima delante de Dios. Porque así también se ataviaban en otro tiempo aquellas santas mujeres que esperaban en Dios, estando sujetas a sus maridos; como Sara obedecía a Abraham, llamándole señor; de la cual vosotras habéis venido a ser hijas, si hacéis el bien.
>
> 1 Pedro 3:1-6

¡Aquí hay que detenerse! Este pasaje se ha malinterpretado por mucho tiempo. Basado en esto se ha enseñado que la mujer no se puede peinar para lucir su cabello ni puede usar prendas de oro para adornarse. Sin embargo, ¡eso no es lo que dice!

Lo que el apóstol enseñaba era que si la mujer va a arreglarse el pelo y adornarse con joyas, que lo haga con moderación. Eso no es pecado, sino una necesidad natural de las mujeres. La Palabra exhorta a que se dedique y se esfuerce por lo más importante: Adornarse por dentro con los frutos de carácter que tanto le agradan a Dios. ¡Adórnate por dentro! Sé afable y apacible. Eso es lo que hace grande a una mujer en el Reino de Dios.

Ser afable y apacible es ser una mujer que lleva y trae paz. Las mujeres peleonas no son así. La rencillosa no trae paz. La malhumorada tampoco. La mujer que tiene un carácter agresivo se destruye a sí misma en lo espiritual.

> PORQUE ASÍ TAMBIÉN, SE ATAVIABAN EN OTRO TIEMPO AQUELLAS SANTAS MUJERES QUE ESPERABAN EN DIOS, ESTANDO SUJETAS A SUS MARIDOS.
>
> 1 PEDRO 3:5

Este verso es interesante porque esas mujeres eran santas y tuvieron que esperar en Dios para sujetarse a sus maridos. Las cosas no han cambiado. Me refiero a que, según Dios, lo que daba resultados en el pasado sigue dando resultados hoy, si lo obedecemos. ¿Quieres ser santa según Dios? Busca el rostro del Señor Jesús para darle a tu esposo el trato que Sara le daba al suyo.

Quizá digas: «¡Es que mi marido no se parece a Abraham!». Entiendo... ¿pero quién te dijo que Abraham siempre fue el padre de la fe? No sabemos cómo era antes del encuentro con el Ángel de Jehová. A lo mejor fue Sara la que creara en Abraham la sensibilidad que desarrolló para Dios. Tal vez fuera el fruto del trato que recibía de su esposa. En lo personal, creo que Sara ya era así porque, de lo contrario, se hubiera negado a la locura de dejar posesiones, tierras y riquezas. En especial, dejar a la familia por irse en busca de una «tierra prometida» que no sabían dónde quedaba. No obstante, Sara siguió a su marido sin dificultad alguna. De seguro que ya era esa clase de mujer que confiaba tanto en Dios que estaba dispuesta a seguir a su esposo a cualquier parte que fuera porque sabía que Dios los cuidaría, inclusive de los errores de su marido.

El verso 6 dice: «Como Sara obedecía a Abraham, llamándole señor». ¿Te imaginas lo que va a ocurrir el día que llames a tu marido «señor» en tu hogar. ¡Increíble! Ese hombre podría tener un infarto. Después de eso, pídele «la mitad de su reino» y te lo dará. Dios creó a los hombres con ese espíritu de señorío. Cuando Dios le dijo a Adán: «Te pongo por Señor de la creación», Adán lo creyó y así se sintió. Eso quedó en la genética emocional y espiritual de todo hombre. No es machismo lo que hace que los hombres necesiten sentirse importantes, sino el diseño divino.

El hombre moderno común no pretende ser señor de la creación, pero sí de su casa, aunque no haya hecho nada para merecer ese lugar. Lo que más va a doler siempre es tener que darle un trato de honra al que no lo merece. Acuérdate que Dios «llama las cosas que no son, como si fuesen» (Romanos 4:17). Quizá tu esposo no necesite que lo llames «señor», pero le hace falta que lo escuches y no lo etiquetes con la palabra «machista» cuando expresa sus necesidades o cuando te dice que le faltaste el respeto. Si te niegas a aceptarlo porque no lo entiendes, quizá ocurra que cuando expreses tu sentir, él tampoco lo acepte porque te juzgue de muy emocional y sentimental por no entenderte o, en cambio, considerará poco importante lo que necesitas.

> Como Sara obedecía a Abraham, llamándole señor; de la cual vosotras habéis venido a ser hijas, si hacéis el bien.
>
> 1 Pedro 3:6

Las hijas de Sara son las que no se sienten amenazadas por este mandamiento de Dios. Su autoestima y su inteligencia no se sienten amenazadas por el orden de Dios, sino que lo entienden y reconocen la voluntad de Dios independientemente del rendimiento o el comportamiento de su cónyuge.

## ¿QUÉ HACER EN CASOS DE VIOLENCIA DOMÉSTICA O MALTRATO?

Este es el tipo de acto que no se puede tolerar nunca.

Desde la primera vez que ocurre, y me refiero en forma específica a los casos donde ha habido agresión física que dejó algún golpe, se debe tomar acción correctiva y preventiva de inmediato. Sin tener en cuenta de quién haya sido, el hombre o la mujer, el caso debe informarse a las autoridades para que se tomen las medidas correspondientes según la gravedad del caso. Mi consejo siempre ha sido que nunca tome decisiones por temor, pues de seguro vas a sentir lástima o a sentirte culpable y no vas a decir ni hacer nada. La excusa de que no quieres hacerle daño no debe validarse, sobre todo en el caso de las mujeres que son las más compasivas. El agresor tiene que aprender desde la primera vez que la opción de la violencia es inaceptable por completo.

Además, aparte de lo que decida la ley, recomiendo que haya una separación inmediata para que la pareja pueda comenzar un proceso de consejería donde se estudie y se analice lo ocurrido. Los patrones de comportamiento de su trasfondo familiar y su condición espiritual son parte de los criterios para diseñar una terapia con la frecuencia que determine el consejero.

¿Se puede restaurar una relación así? Sí, tienes probabilidades.

¿Cuándo se debe reanudar la relación? Cuando se haya completado el proceso en forma satisfactoria, al menos, la parte del proceso que tenía que ver con las raíces de la violencia. Luego, deben continuar tomando consejería para que la pareja logre manejar la vida conyugal normal y cotidiana. Una renovación de pacto sería muy recomendable para que tengan que prometer y pactar sobre el nuevo estilo de vida que jurarán mantener.

El cónyuge afectado no debería ser el que tome por su cuenta la decisión de reanudar la relación, sino en conjunto con el consejero, pues hay cosas que solo el consejero las va a ver y entender. Considero sabio que se haga en conjunto con quien ha estado a su lado apoyándole en la restauración. Trata de seguir las recomendaciones de tu consejero. Por favor, cuando veas que las cosas están dando resultados y la relación con tu cónyuge está dando frutos, no te independices de tu consejero. Muchos lo hacen...

# DESPUÉS DE UNA INFIDELIDAD EXTREMA

En estos casos, sé que hay diversas opiniones sobre si se debe tratar de restaurar y cómo, en cuanto a condiciones y procesos. Mi recomendación es que de igual manera que el anterior, los casos de fornicación requieren la separación inmediata de la pareja, mientras se trata de restaurar la relación.

¿Por qué? Bien, en primer lugar, tenemos que estar seguros que la salud del fiel no está en riesgo. De modo que se requiere una separación y las pruebas de laboratorio correspondientes de ambos.

Además, el ofensor o el infiel ahora tiene que trabajar la restauración de la confianza de su cónyuge. Esto va requerir de tiempo en lo que se prueba, fuera de toda duda, de que la relación adúltera terminó y no quedan lazos de ningún tipo. Durante ese proceso deben estar separados para que el ofensor, si no está del todo decidido, acabe de decidirse. Es evidente que el cónyuge tiene que tener un alto nivel de valor y madurez para esperar por el proceso, arriesgándose a que todo termine allí.

El ofensor tendrá que volver a enamorar a su cónyuge y conquistar de nuevo su corazón. Eso requiere tiempo. Ese mismo período va a probar si es capaz de abstenerse sexualmente por amor. Si no puede, pues prueba que tampoco en el matrimonio se iba a guardar puro solo para su cónyuge. A todo esto, las consejerías de restauración serán necesarias durante este proceso, así como después. Una renovación de pacto será inminente para que haya un nuevo comienzo en la relación de manera oficial. Después de este proceso, nunca más se tendrá que hablar de lo que pasó porque quedó sano por completo y como es debido.

Reitero que es imprescindible que el consejero participe en el proceso haciendo las recomendaciones pertinentes al tiempo de la restauración.

## Consejos de restauración

Quiero darte algunos consejos que le di por escrito a una pareja en un momento dado. Representa, en términos generales, las cosas que todos deben seguir para levantarse. Cambiaré los nombres a fin de proteger su privacidad. A esta pareja que recibió orientación pastoral les llamaré Roberto y Raquel.

La restauración en un adulterio es en extremo difícil para ambos. Va a requerir un alto grado de compromiso de los dos para poder superarlo y terminar mejor que antes, que es lo que perseguimos, si es que se decidió perdonar y restaurar la relación. No vamos a restaurar para vivir una agonía, pues no hay mal que dure cien años ni cuerpo que lo resista. Por lo tanto, mis consejos son los siguientes:

Roberto y Raquel, busquen el rostro de Dios como nunca antes lo han hecho, pues la carne no sabe perdonar ni restaurar por completo. Solo Dios arregla las ruinas y sin Él será imposible que puedan lograr levantar algo que valga la pena. La maldición del adulterio es espiritual y solo se puede manejar de manera espiritual, no solo para el beneficio de ustedes, sino para que la bendición de Dios alcance a sus próximas generaciones y este pecado no afecte a sus hijas ni a los esposos de sus hijas.

Cuando el diablo ha sido burlado por el perdón que Dios les otorgó, trata de derramar su furia contra lo más débil de la familia: sus hijos. Por lo tanto, protejan espiritualmente a sus hijos en oración. Cuando estos comiencen relaciones en el futuro, cúbranlos con la unción profética paternal de modo que Satanás no pueda tener acceso, ni parte ni suerte, en la vida de sus respectivas familias.

Roberto, tienes que responderle a Raquel todas sus preguntas y ser más responsable y rendir más cuentas que antes. No puedes exigirle que confíe en ti. No debes decirle que si en verdad te perdonó se supone que no siga preguntando como si estuviera desconfiando. El privilegio de la confianza ciega ya te la ofreció antes y la desaprovechaste. Por lo tanto, acepta que las cosas cambiaron y que ahora tendrás que dar cuentas por todo. Cuando lo hagas así, hazlo de buena gana y ofrece más información de la que te pide. Aprovecha para decirle que la comprendes, que no se preocupe, que la amas y que estás agradecido de que te haya perdonado. Eso le dará cada vez más descanso emocional y ayudará para que haga cada vez menos preguntas.

Raquel, creo que es un error volver con tu esposo si no estás convencida por completo de su arrepentimiento. Muchas veces la decisión automática de perdonarlo responde más al temor de perderlo y esa no debe ser la motivación. Recuerda que el hombre aprende a valorar a la mujer a través del cristal con que se ve a sí misma. Si el hombre recibe un perdón incondicional tan pronto y fácil, podría malinterpretarlo (y no estoy diciendo que este sea el caso de Roberto). Quizá hasta piense que se lo otorgaste porque te sientes insegura sin él, que tienes que hacerlo porque él es el que le da valor a tu vida, porque sin él la vida no vale la pena, etc. Esta interpretación puede hacer que se fortalezca su orgullo, el mismo que sienten los que idolatran las admiradoras. El problema de esto es que cuando una mujer seductora lo haga sentir como «un ídolo», no podrá resistirse. Se le hará muy difícil no caer de nuevo, «aunque sienta que te ama». Esta impresión lo puede llevar a querer restaurar la relación por «lástima a ti» y esa no debe ser la razón, sino debe ser porque te valora, porque descubrió cuánto te ama y porque aprecia todo lo que representas: Una familia.

Roberto y Raquel, creo que deben pasar por un proceso de consejería restauradora con un consejero matrimonial cristiano que les ayude a hablar de TODO, desde la A hasta la Z, y que se reproduzcan todos los acontecimientos del adulterio desde sus comienzos con el único propósito de identificar lo que se pudo haber prevenido. Esos puntos identificados son los que van a formar parte de una lista que escribirán para llegar a acuerdos de cómo lo van a manejar a partir de ese momento. Recuerden que ahora tenemos que ser preventivos para no seguir cargando con preocupaciones y temores y para evitar que vuelvan a ocurrir. Lo más difícil fue adulterar la primera vez, así que tenemos que ser preventivos. La responsabilidad de la prevención es común, ambos tienen que cubrirse de manera preventiva.

Raquel, cuídate del «síndrome de la venganza». A muchas mujeres nunca les pasó por la mente adulterar hasta que le fallaron sus esposos. Es un espíritu de venganza que se apodera poco a poco de sus mentes hasta que las vence, sobre todo cuando la restauración fue a medias y sienten que tuvieron que dar demasiado. No tengas lástima de ti misma. La autocompasión puede llevarte a la amargura y esta a la rebeldía. En ese estado ya no tienes el control. No digas que eso no te puede pasar porque esta reacción no ocurre de inmediato, sino con el tiempo. Puedes evitarlo si aceptas que podría ocurrir y te cuidas de forma preventiva en oración.

También el «Síndrome de la venganza» se manifiesta de otras maneras similares. No me refiero al adulterio, sino a que puede desarrollarse una necesidad de castigarlo, sobre todo cuando el arrepentimiento de tu esposo es evidente y ahora aprendió a valorarte. Cuando te sientas segura de él, querrás castigarlo de manera inconsciente. Eso puede ser asumiendo una actitud emocional de desprecio e indiferencia. Lo que deseó tu corazón por un tiempo, que es verlo «morirse» por ti, ahora quieres satisfacerlo viéndolo «sufrir» por ti. También puede evidenciarse negándote sexualmente para castigarlo. Ver cómo te desea y sufre al no permitírselo, te hace sentir bien desde el punto de vista emocional.

Todo eso ocurre de forma inconsciente y no necesariamente se hace a propósito, pero ocurre como consecuencia de las heridas guardadas en el corazón. Si un consejero advierte esta posibilidad y te enseña qué hacer si se manifiesta este comportamiento, es posible que en ese momento salga el primer síntoma en la oficina del consejero, dándonos la oportunidad de canalizarlo como es debido.

## TUS HIJOS, MIS HIJOS Y NUESTROS HIJOS

Hay muchas parejas que han tenido serios problemas por causa de los hijos que uno o ambos trajeron al matrimonio, ya sea por casamientos o relaciones consensuales anteriores. Es lamentable que hayan habido divorcios solo por el hecho de que no pudieron resolver las diferencias con relación a los hijastros. Los padres que trajeron los hijos a la nueva relación tampoco pudieron manejarlo, y se desencadenó tanta frustración en todos que se hizo muy difícil repararla en realidad. Uno de los dos sintió que era inminente serles fiel a sus hijos y terminó con la relación.

Por tales razones, siempre he recomendado que cuando una pareja se une, los hijos que vienen a ese hogar también deberían entrar bajo pacto. Me refiero de manera específica a que la persona que se casa con la madre o el padre tiene que hacer pacto con los hijos de su cónyuge. El padre o la madre debe asegurarse de que la persona que vaya a acompañarlo de ahora en adelante se gane a sus hijos. Es obvio que debe suceder antes de que se materialice el matrimonio. Los padres no deben acelerar el casamiento hasta que los hijos hayan digerido el proceso y asimilado a la persona que se va a añadir a la familia. Lo ideal es que los mismos hijos en un momento hagan la recomendación. Los adultos deben tener mucho cuidado de no utilizar el razonamiento muy común, pero egoísta, de que «ellos también merecen ser felices». Siempre recomendaré que la decisión se tome consultando a un consejero matrimonial.

Quisiera aclarar que ese padrastro o madrastra ahora tiene que representar el papel de papá o de mamá en la responsabilidad y la autoridad que requiera esa función. Esta persona es la que compartirá el techo con toda la familia y tendrá que hacerlo en unidad con su cónyuge durante el proceso de criar a esos hijos. Por más responsable que sea el padre que está fuera de la casa, no hay manera de que pueda suplir con eficiencia todas las necesidades que representa la crianza de los hijos. Por lo tanto, el padrastro tendrá que ser el delegado que ayude. De manera que ya no son dos, sino tres los que participan en comunión unos con otros en el proceso de discipular, supervisar y disciplinar a los hijos. Sin duda, el padrastro tendrá que ganarse ese lugar de autoridad mediante el amor y el servicio incondicional. No obstante, tendrá que a su vez ejercer la autoridad apoyando a su cónyuge, ya que Dios no lo diseñó para que criara solo a sus hijos.

Esto no debe ser experimental después del matrimonio. He visto muchos matrimonios deshacerse, aun amándose, porque no pudieron lidiar con los conflictos entre madre e hijos, padrastro, padre biológico, etc. Cuando la presión era demasiada, alguien decidió que era mejor separarse porque la «sangre pesa más que el agua».

### *¿Cuándo es que comienzan los problemas?*

Cuando uno de los padres no quiere que su cónyuge intervenga en el ejercicio de la disciplina y la autoridad de dar permisos, etc. Si una persona se siente desplazada en una familia, empieza a sentirse como miembro de segunda, no legítimo. Si el desplazado es un hombre, la cosa es peor. Esto crea un malestar que lo va alejando poco a poco. Entonces mengua el afecto y el cariño de padre que estuvo dispuesto a ofrecer, pues si no quieren reconocer su autoridad, tampoco quiere asumir su responsabilidad. Creo que tiene sentido que se sienta así. Por lo tanto, se desconecta de esos hijos de manera parcial o completa. Se tratan con cordialidad, pero todos sienten la pared invisible que los separa y les genera desconfianza.

Los hijos se dan cuenta que están ganando terreno, en función de independencia y control, ya que se silenció el cincuenta por ciento de la autoridad. El padre biológico, por lo general, se sentirá tentado a congraciarse con sus hijos en los conflictos, pues de esa manera se siente más cerca de ellos y eso compensa su ausencia. A todo esto, los hijos capitalizan. Sin planificarlo ni razonarlo, toman ventaja de la falta de unidad familiar. Al final, todos lamentarán las consecuencias. En esto se cumple el siguiente proverbio: «Los padres comieron las uvas agrias, y los dientes de los hijos tienen la dentera» (Ezequiel 18:2).

La cosa empeora si viene un hijo de esa nueva relación, pues como ese es hijo de sangre, el padre se sentirá en completa confianza y libertad de tratarlo como a tal, tanto desde el afecto como la disciplina. Ahora se marca una gran diferencia entre los hijos naturales y los que no lo son. Los hijos del primer matrimonio comienzan a sentirse hijos de segunda y no legítimos. Esto les puede producir mayor distanciamiento y cierta rebeldía. Se multiplicarán los problemas de relaciones hasta que alguien decida que ya es suficiente, y se va del hogar o le piden que se vaya. Estos casos son muy tristes porque la decepción, el sentido de frustración y fracaso es para todos. Entonces queda un gran vacío.

### ¿Cómo se puede evitar?

Esto se puede evitar llegando a acordar antes de casarse cómo se van a solucionar todos los asuntos que tengan que ver con los hijos. Por ejemplo:

- El tiempo de realización de la boda tienen que determinarlo todas las partes involucradas, pero debe incluir que los hijos estén preparados para recibir a ese nuevo miembro de la familia.

- Tiene que haber una buena relación de afecto y respeto para que el nuevo miembro de la familia pueda ejercer la autoridad correspondiente. En un inicio, debe mantener una fuerte coordinación con su cónyuge a fin de asegurarse que va en la misma línea de criterios de crianza y así evitar contradicciones.

- Discutirán y acordarán cuáles serán los procesos aceptables para ejercer control, disciplina y supervisión de los niños. Pueden sorprenderse de la enorme disparidad que puede existir entre ambos si no se ponen de acuerdo. Por lo tanto, prevean todo lo que puedan y decidan que durante todas las etapas del desarrollo de los hijos seguirán poniéndose de acuerdo en cómo lo van a enfrentar.

- El ex cónyuge no podrá negarse a que el padrastro intervenga en los procesos internos de controlar a los niños, adolescentes y jóvenes. Por lo tanto, se debe discutir el asunto con él y acordar con antelación que los tres cooperarán y se apoyarán los unos a los otros.

- Si estas condiciones no se pueden completar y arreglar, no es conveniente que se casen. Se necesitará mucha madurez para que aun estando enamorados puedan tomar la decisión de romper el compromiso de casarse.

# LAS HERIDAS ORIGINADAS POR LA FAMILIA EXTENDIDA

Se producen tremendas heridas cuando la familia extendida de uno de los dos comete la imprudencia de criticar a nuestro cónyuge. En ocasiones, durante reuniones familiares toman de punto al yerno o a la nuera para hacer bromas de mal gusto. Esas bromas muchas veces hacen sentir humillados a los señalados. No pueden defenderse de las mofas porque no es su familia de sangre. Por lo tanto, depende por entero de que lo haga su cónyuge. Si este le da poca importancia o no se atreve a enfrentar a su familia y lo «arregla» con cualquier excusa, se provocará una gran herida en el corazón del afectado que repercutirá en el matrimonio.

El hijo o la hija de la familia que está hiriendo con sus palabras tiene la responsabilidad de parar enseguida cualquier comentario despectivo o actitud negativa hacia su cónyuge. Recomiendo que el que lo necesite hacer busque orientación en cómo enfrentar a la familia para lograr resultados positivos. Tendrá que hacer las reuniones que sean necesarias para asegurarse que su familia no va a continuar con esas actitudes hirientes. Incluso, es conveniente que la familia se disculpe para así sanar cualquier resentimiento que haya quedado.

Cuando la razón del «rechazo» es que tu familia todavía guarda relación con tu ex cónyuge, puede ser un poco más difícil resolverlo porque no podemos impedir dicha relación. Por eso, debería haber una buena comunicación entre ambos, me refiero al cónyuge y al ex, sobre todo cuando hay hijos de por medio. No debería ser un problema el hecho que ambos participen de las mismas actividades familiares importantes, sobre todo si cada cual está acompañado con su respectivo cónyuge. No obstante, si no fuera posible, se deberán establecer las reglas del juego en cuanto a actividades familiares se refiere. Hay que acordar con antelación a cuáles actividades van a invitar al ex para así decidir a cuáles ir y a cuáles no.

Recuerden que la vida familiar no se diseñó para el divorcio y el rechazo, sino para que fuera indisoluble. Por lo tanto, todo lo que se salga de ese orden será difícil manejarlo, aunque no imposible. En definitiva, Dios no planificó estas cosas porque todo lo anterior está fuera del plan divino para la familia. De todos modos, tenemos que buscar dentro de estas circunstancias adversas la forma más sabia de actuar sin violentar ningún principio espiritual bíblico.

## Cuando el cónyuge manifiesta un trastorno mental

Todos sabemos que el pacto matrimonial requiere de un compromiso, al punto de que si mi cónyuge enferma yo deba permanecer a su lado para cuidarle y ayudarle a pasar por la crisis. Cada caso es muy particular y habría que afrontarlo de acuerdo con su propio peso. El precio del compromiso exige que no abandonemos a nuestro cónyuge cuando esté enfermo, solo tenemos que ponernos en su lugar y pensar si hubiese sido al revés, cómo nos gustaría que actuara nuestro cónyuge.

No obstante, hay algunos casos de enfermedades mentales que quizá requieran una separación temporal, a fin de tratar de provocar cambios en la persona que está tomando su condición mental como excusa para manipular a su cónyuge. Esos casos se dan a diario. Incluso, esta separación pudiera llegar a un divorcio si representa la debacle, por ejemplo, un caos económico que pudiera llevar a la familia entera a la miseria. Cuando hay hijos, cada problema toma características muy complejas, así que a veces hay que hacer excepciones a las reglas. Además, debemos recordar que el divorcio no es el pecado según las Escrituras, sino en volverse a casar cuando la causa no es fornicación.

Por lo tanto, aun cuando esté divorciado no podrá casarse de nuevo, debido a que Dios no reconoce ese divorcio. Así que procurar la sanidad de su cónyuge y restaurar la relación debe ser lo recomendable, pues esas son las expectativas de Dios. Si durante la separación el cónyuge decide unirse a otra persona, se queda libre del pacto. Lo importante es que hasta ese momento hayas mostrado fidelidad a tu cónyuge enfermo y estuviste dispuesto a darle la oportunidad de enmendar y tratarse.

Que quede claro, y valga la aclaración, que mientras tu cónyuge esté solo, tu deber es esperar hasta su estabilidad para darle otra oportunidad de restauración.

# Cuando el cónyuge tiene vicios

Las adicciones han sido la causante de la mayoría de las crisis que hiere a toda la familia. El peligro no se limita solo a que la persona atada a vicios pierda el control de sí mismo durante la mayor parte del tiempo, sino que pone a su familia en peligro. Los peligros son variados, desde amenaza a la salud hasta el caos económico cuando la familia representa la primera opción para suplir su vicio.

Además, surgen los problemas de seguridad personal de la familia. El sufrimiento es incalculable para todos, y si el cónyuge no toma las medidas necesarias, con el paso del tiempo los hijos podrían reclamarle esa negligencia.

Creo que hay que remover del hogar, por la vía que sea necesaria, a los que no respetan la integridad de la familia. No solo hay que hacerlo por la seguridad de todos, sino porque cuando estamos formando hijos, este mal ejemplo obstaculiza la eficacia de la crianza. No es justo que a los niños los tengamos que someter a este ambiente. Reconozco que parece fuerte y duro lo de «remover del hogar», pero es la medicina más eficaz para que aprenda a valorar a la familia como un privilegio que hay que mantener con mucho respeto. No removemos del hogar a quien ya no se ama, sino al que todavía amamos, pero queremos ayudarle a cambiar mediante la disciplina.

El sentido de pérdida va estimular al vicioso a reconsiderar su trayectoria. Es probable que decida someterse a terapias de rehabilitación para reincorporarse a la familia. Si no se toman estas medidas drásticas, tal vez pasen muchos años antes de que recapacite. Es importante notar que todo esfuerzo hecho por el ofensor para mejorar debería recompensarse y celebrarse por la familia, de modo que le animen a continuar el proceso.

## La administración del presupuesto y los gastos

Efraín Soto, «Pachy», es copastor de la congregación que pastoreo y, además, es el administrador financiero. También es consejero de parejas, en el campo de las finanzas en especial. Dada su habilidad en esta tarea, le pedí que escribiera varios consejos que casi siempre da para ayudar a los matrimonios en crisis. Estos fueron sus comentarios:

> Una de mis responsabilidades como pastor es el educar a las parejas en todas las cosas que la Palabra enseña sobre la administración del dinero, las finanzas y las posesiones, entre otras.

• • • Consejos para prevenir y restaurar • • •

Uno de los recursos más utilizados por Satanás para destruir las familias y detener a la Iglesia es la creación de crisis financieras. Si a lo anterior se le añade la toma de decisiones indebidas, se arma una combinación fatal, al extremo que se destruyen los matrimonios, se dividen las iglesias, no se logran los planes y no se alcanza a la gente porque no hay recursos. Satanás hace fiesta cuando consigue este objetivo. El noventa por ciento de las parejas que se divorcian apuntan al aspecto financiero como uno de los más importantes en el desarrollo del conflicto.

Ha sido un privilegio y una tremenda bendición contar experiencias y dar consejos en esta esfera tan delicada, como es la administración del dinero. La Biblia está llena de principios, consejos y ejemplos de cómo ser buenos administradores o mayordomos de todas las cosas que nos concede Dios.

A fin de establecer los fundamentos o principios bíblicos, les muestro algunos de los pasajes que utilizo en consejería:

> Tesoro precioso y aceite hay en la casa del sabio; mas el hombre insensato todo lo disipa [disipar: desperdiciar o malgastar].
>
> Proverbios 21:20

> El rico se enseñorea de los pobres; y el que toma prestado es siervo del que presta.
>
> Proverbios 22:7

> Hay quienes reparten y le es añadido más; y hay quienes retienen más de lo que es justo, pero vienen a pobreza. El alma generosa será prosperada; y el que saciare, él también será saciado.
>
> Proverbios 11:24-25

> Dad y se os dará, medida buena, apretada, remecida y rebosando darán en vuestro regazo.
>
> Lucas 6:38

> Así que teniendo sustento y abrigo, estemos contentos con esto.
>
> 1 TIMOTEO 6:8

> No te jactes del día de mañana; porque no sabes que dará de sí el día.
>
> PROVERBIOS 27:1

> Pagad todos lo que debéis; al que tributo, tributo; al que impuesto, impuesto; al que respeto, respeto; al que honra, honra. No debáis a nadie nada.
>
> ROMANOS 13:7-8

> Fíate de Jehová de todo tu corazón y no te apoyes en tu propia prudencia, reconócelo en todos tus caminos y Él enderezará tus veredas.
>
> PROVERBIOS 3:5-6

> Ve a la hormiga, oh perezoso, mira sus caminos, y sé sabio; la cual no teniendo capitán, ni gobernador, ni señor, prepara en el verano su comida, y recoge en el tiempo de la siega su mantenimiento.
>
> PROVERBIOS 6:6-8

> PARÁBOLA DE LOS TALENTOS.
>
> MATEO 25:14-30

La mayoría de las parejas, cuando se acercan a recibir consejería, presentan los siguientes problemas:

1. Sus padres no les enseñaron a administrar sus finanzas.

2. Esto implica que ahora deberán aprender a llevar una chequera y mantenerla. Necesitarán aprender a evitar intereses bancarios. Tendrán que procurar las coberturas de

seguro básicos. Deberán cumplir el principio básico de la prosperidad: El diezmo.

3. No tienen un presupuesto, ni siquiera individual.

4. Para ello es necesario aprender a preparar un presupuesto en conjunto con su cónyuge. Deben tener un control de gastos. Esto requiere que ambos se pongan de acuerdo en cuáles serán los criterios para la toma de decisiones.

5. Viven de cheque a cheque.

6. Como matrimonio, deben seleccionar un sistema de ahorros de común acuerdo y pensar en inversiones que los ayude a crecer.

7. Tienen muchas deudas y no tienen un plan para liquidarlas.

8. Es necesario que el matrimonio tenga un plan para establecer prioridades en el saldo de deudas. También se necesita una estrategia para el uso del crédito en el saldo de deudas.

9. Meta de vivienda propia.

10. En este caso, este sueño debe ser el impulsor de los ahorros y la organización de las reservas junto con las inversiones. Con tal objetivo, hace falta organizar estrategias futuras y programarlas.

    Las personas que han logrado establecer orden en su economía a través de estos consejos han logrado resultados extraordinarios, pues la mayoría ha visto cómo los ha bendecido Dios. Testifican y recomiendan a otros que se expongan a estos principios de sabiduría financiera que han marcado sus vidas.

Por favor, tomen este bosquejo de recomendaciones como una guía para ir trabajando cada una de estas esferas. Consulten con los funcionarios de su banco favorito sobre cómo lograr estas metas o acérquense a los consejeros de su congregación. En fin, denle importancia y atención. Se sentirán muy bien cuando hayan logrado una estructura financiera sólida.

# capítulo 11

# LA MEJOR DECISIÓN: ¡ESCOGE BIEN!

A lo largo de todo el libro hemos visto distintos conflictos y situaciones de crisis que afronta el matrimonio y múltiples consejos para enfrentarlos y resolverlos. Así que ahora necesitas entender que es de suma importancia escoger como es debido desde la primera vez. Esto va a ser difícil si te enamoras antes de hacer el ejercicio de discernimiento. El enamoramiento es maravilloso, pero no ayuda a ser objetivo. Por lo tanto, tengámoslo en cuenta para no permitirle que nos lleve como ovejas al matadero.

## MEJOR ES PREVENIR QUE...

Cuando se trata de problemas en el matrimonio, la mejor forma de evitarlos es prevenirlos. Y la mejor prevención comienza cuando se tienen buenas motivaciones.

••• CUANDO EL SEXO NO ES SUFICENTE •••

Tener las motivaciones equivocadas para unirte a otra persona puede ser un elemento que te lleve a tomar malas decisiones sobre la persona que te acompañará por el resto de tu vida. Por eso ser ingenuo en cuanto a la información que te ofrece tu pretendiente y no corroborarla podría ser un gran riesgo. Muchos engañadores se visten de piedad y, en realidad, son lobos rapaces. Tal vez parezca fuerte lo que voy a sugerir, pero debes hacer las investigaciones correspondientes a fin de averiguar, por ejemplo, lo siguiente:

1. Cómo son las relaciones interpersonales con su familia, en especial con su madre y hermanas, en el caso de los hombres, y con su padre y hermanos en el caso de las mujeres. Escucha bien cómo se expresan sobre su familia y la clase de problema típico que se manifiesta. Los que tienen problemas en su familia y salen de su hogar con asuntos no resueltos, casi siempre manifiestan sus frustraciones en el nuevo contexto familiar que formen. En ese nuevo contexto estarás tú.

2. ¿Cuáles fueron las verdaderas razones de los fracasos en sus relaciones anteriores? No te conformes con la versión de la persona en cuestión. Si su versión es que el otro tuvo toda la culpa, ¡no le creas! Entrevista a los que estuvieron cerca durante esas relaciones anteriores, sobre todo a quienes no sean de su familia. Si pudieras hablar con la persona afectada, mejor.

3. Si no tiene un trabajo estable, averigua con compañeros de trabajo anteriores o, mejor aun, si es posible con el jefe, cuál fue su rendimiento laboral. Pregúntale a tu pretendiente y compara sus explicaciones con las obtenidas.

4. Averigua con sus compañeros de trabajo del sexo opuesto cuál es su comportamiento normal. ¿Por qué? Porque es frecuente que si el sexo opuesto tiene una buena opinión, debe ser bastante confiable.

5. Si te confesó haber tenido relaciones sexuales con parejas previas, es prudente pedirle pruebas de laboratorio que certifiquen que está saludable.

6. Si te pide tener relaciones sexuales antes de casarse porque «te ama tanto, que no puede aguantarse; y que si no accedes, prefiere dejarte porque le hace daño», con esa propuesta ya mostró quién es en realidad. Si te dejas manipular, puedes tener la gran sorpresa de que eres uno o una más en su lista. Además, es importante entender que el mismo dominio propio que tu pareja necesita para controlar sus impulsos sexuales ahora que son novios, es el mismo dominio propio que necesitará para controlarse cuando después de casado lo seduzca alguien en la calle o en el ámbito laboral. Por lo tanto, el que te haya pedido tener relaciones sexuales en el noviazgo es un buen indicativo de que con mucha probabilidad te será infiel durante el matrimonio.

En mi experiencia como consejero pastoral he visto que la mayoría de las parejas que tienen problemas de acoplamiento sexual en el matrimonio, tuvieron relaciones sexuales antes de casarse. Me da la impresión que es como una maldición que se echan encima cuando violan este límite que Dios ha puesto para nuestra protección. Esto no significa que llevarán esa maldición por el resto de sus vidas, pero tendrán que rendirle cuentas a Dios y humillarse en arrepentimiento para que les conceda el perdón con la bendición consecuente de una sexualidad poderosa de tres dimensiones: Un disfrute sexual en cuerpo, alma y espíritu. Además, es conveniente que pasen por consejería pastoral, pues hay consecuencias espirituales y psicológicas que si se atienden a tiempo, ayudarán a que comiencen con un alto nivel de sanidad.

La buena relación sexual es poderosa porque como mencioné antes, es tridimensional: Emocional, física y espiritual. Las parejas comunes experimentan una relación de placer orgánico y otras pocas experimentan el placer emocional cuando todavía hay romance. No obstante, muy pocos experimentan el placer sexual en tres dimensiones que surge donde existe una profunda relación con Dios, donde el amor se practica conforme a su orden. Por lo tanto, son muy cuidadosos en practicar el romance, y cuando tienen intimidad física, como ya hay tanta «carga positiva» espiritual y emocional, la experiencia física es poderosa.

Nadie experimenta el placer sexual con más intensidad que este pequeño grupo de personas. No necesitan ayuda de «pastillitas» a temprana edad, ni juguetes que los remedien y mucho menos de pornografía para encenderse, pues el verdadero amor los tiene encendidos y preparados para «toda buena obra».

## NO SEAS INGENUO

Sé que estas recomendaciones parecerán exageradas, pero conozco casos de gente sabia que me pidió sugerencias sobre un candidato, y después de haber realizado las consultas correspondientes, descubrimos que la tal persona tenía «gato encerrado». De alguna manera estaba engañando, ocultando o «vendiendo» en sí la persona que no era en realidad.

Es lamentable que esta sea la condición de muchos hoy y estos son los tiempos que nos ha tocado vivir. El que por el enamoramiento no quiere hacer este ejercicio y teme que algo le derrumbe «su castillo», se arriesga a entrar en arenas movedizas. Se va a arrepentir de no haberse asegurado antes de comprometerse.

En capítulos anteriores ya hemos hablado acerca de la importancia de no unirse en yugo desigual, ni comprometerse en pacto matrimonial con quienes no tienen tu misma fe. Es casi imposible conciliar una relación desigual basada en diferentes maneras de pensar y en diversos estilos en la forma de manejar todas las cosas, ambas son opuestas de manera radical. Lo peor surge a la hora de tener que educar a los niños en la fe. Uno de los dos tendrá que ceder. Y es muy triste ver a los hijos que tanto amamos inclinados hacia comportamientos nocivos para su vida espiritual por causa del cónyuge no creyente y sus enseñanzas.

## EL MATRIMONIO TRAE QUEBRANTAMIENTO QUE AÑADE CALIDAD DE VIDA

Existe un nivel de calidad y plenitud de vida que Dios quiere que conozcas en este mundo. Esa vida próspera surgirá a través del matrimonio, pero te va a costar. Dios permitirá que la vida matrimonial te haga «pedazos», ya que las circunstancias de esa relación tan íntima quebrantarán tu orgullo y sacarán a la luz tus rebeldías. Es más, desenmascararán tu cultura mental y emocional, quebrantarán complejos, enfrentarán tus temores, etc.

Si Dios quiere transformarte y darte un corazón como el de su Hijo, solo entonces tu vida tomará un giro que no pensabas que existía. Cuando salgas de la «molienda» divina, te sentirás satisfecho de todo lo que has ganado, tanto en carácter como en capacidad de amar, en sabiduría, en madurez, así como en habilidades para relaciones interpersonales exitosas. Serás una mejor persona en todo el sentido de la palabra.

Amados, ese es el evangelio. Si tomas esa decisión, caerás con tu rostro a tierra delante de Dios para que te ayude a superar todas tus debilidades y flaquezas. Muchas veces he tenido que orar diciendo: «Señor, para mí esto es imposible, pero si tu poder viene sobre mí y me llena, podré hacer lo que me era imposible por cuenta propia». Quizá haya una gran fuerza de tendencias generacionales de pecado y mal carácter, pero el poder de Dios va por encima de toda maldición.

Para amar como Dios ama necesitamos el Espíritu de Cristo dentro de nosotros. De esta forma seremos capaces de hacer lo que la carne se resiste a hacer.

¿Tener el Espíritu de Cristo significa que no voy a sentir deseos contrarios?

La Escritura dice que la carne combate todo el tiempo contra el espíritu, y el espíritu combate todo el tiempo contra la carne. Aunque estés lleno de Dios, sentirás la carga halando para el lado contrario. Solo tienes que tomar una decisión: «O te dejas llevar por lo que sientes en la carne o sigues las instrucciones del Espíritu Santo». Es aquí donde los hombres dejan de ser niños y las mujeres niñas. Estos son los momentos donde se prueba qué grado de madurez y de fe poseemos.

A la hora de la verdad, la fe es la que te va a ayudar a tomar esa decisión. Ahí es donde decimos: «No me voy a dejar llevar por lo que siento, sino por lo que es adecuado. Aunque no me guste hacerlo, actúo en el nombre del Señor, y si siento que no tengo las fuerzas, caigo de rodillas al suelo y clamo: "¡Dios, ayúdame!"». Una vez hecha esa oración, serás capaz de hacerlo. Tu casa se llenará de una gloria que tus hijos discernirán. Y ellos terminarán comprometiéndose con Dios porque casi todos los niños que aman al Señor lo hacen como resultado de lo que está ocurriendo entre papá y mamá. Por lo tanto, si hemos entendido este mensaje, es probable que lleguemos a la conclusión que tenemos que volvernos a Dios y renovar nuestro pacto con Él para fortalecernos.

Si no queremos conformarnos a vivir una vida mediocre, tendremos que «convertirnos» todas las veces que sea necesario. Voy a ser un poco más radical aun, me refiero a «convertirme a Cristo». En este contexto, el significado de esta frase es «convertirme a mi cónyuge». Puede que esto parezca herejía, hasta que recordamos lo que dijo el apóstol Juan:

> NOSOTROS LE AMAMOS A ÉL, PORQUE ÉL NOS AMÓ PRIMERO. SI ALGUNO DICE: YO AMO A DIOS, Y ABORRECE A SU HERMANO, ES MENTIROSO. PUES EL QUE NO AMA A SU HERMANO A QUIEN HA VISTO, ¿CÓMO PUEDE AMAR A DIOS A QUIEN NO HA VISTO? Y NOSOTROS TENEMOS ESTE MANDAMIENTO DE ÉL: EL QUE AMA A DIOS, AME TAMBIÉN A SU HERMANO.
>
> 1 JUAN 4:19-21

Esto significa que no es fácil amar a quien no hemos visto. Por lo tanto, Dios no puede aceptar el «cuento» de que lo amamos, si no somos capaces de amar a aquel con quien dormimos cada noche. En otras palabras, la verdad bíblica me enseña que convertirme a Cristo significa convertirme a mi cónyuge. Así que, para los casados, hacer pacto con Dios es hacer pacto con su cónyuge.

Para el soltero significa que tendrá que hacer pacto con su propio corazón, de modo que el día que escoja la persona con la que se va a casar, lo haga de por vida, sin vuelta atrás. Es decir, nos vamos a una travesía sin regreso, y cuando llegamos a la isla de nuestro hogar constituido por el matrimonio, quemamos los barcos para no tener la tentación de regresar al lugar de origen.

Ante este concepto de compromiso matrimonial los discípulos le dijeron a Jesús lo siguiente:

> Si así es la condición del hombre con su mujer, no conviene casarse. Entonces él les dijo: No todos son capaces de recibir esto, sino aquellos a quienes es dado.
>
> MATEO 19:10-11

Lo que pasa es que todos quieren casarse, quieren el placer del matrimonio, pero no todos están dispuestos a pagar el precio de lo que implica vivir un matrimonio a la altura del orden de Dios.

En el mundo moderno actual hay una gran cantidad de mujeres que están dispuestas a darle placer sexual a los hombres sin que estos se comprometan de manera oficial delante de las autoridades y de los familiares de ambos. La convivencia es una epidemia en nuestros días. Es triste que las que más sufran sean las mujeres, ya que no se les hace fácil romper con los lazos emocionales de una relación que nunca tuvo prueba ni evidencia de ser fiel. Mientras que debido a la constitución emocional de los hombres irresponsables, cortar con una relación y buscar otra es tan sencillo como tomarse un refresco.

Estas mujeres son las que tienen que hacerse cargo de los hijos procreados durante esa relación efímera, a no ser que haya tomado la mala decisión de pasar por el trauma de abortar lo que concibió por «error» durante esa relación. Esto sin contar con los riesgos a la salud que trae consigo dicho procedimiento.

Lo único que tienen que hacer los hombres es agarrar su ropa y largarse, con la única consecuencia de enviar un cheque mensual para la pensión. En cuanto a la condición física, tampoco tiene consecuencias, solo limpiarse después de haber disfrutado de la relación sexual gratuita y sin compromiso. ¡Mujeres modernas, por favor, respétense más!

## LA VIDA ESPIRITUAL DENTRO DEL MATRIMONIO

Le pedí a mi asistente administrativo de mi oficina pastoral, Antonio «Tony» Rivera[13], que escribiera unos comentarios sobre la vida espiritual dentro del matrimonio, pues forma parte del equipo que ofrece consejería prematrimonial a las parejas de nuestra congregación próximas a casarse. Sus notas fueron las siguientes:

> Hay una frase muy popular que dice: «La familia que ora unida, permanece unida». Sin duda alguna, esta expresión encierra una verdad poderosa que puede transformar la atmósfera espiritual dentro de un matrimonio. Tomando este principio como base, veamos cuáles son los beneficios de cultivar una vida espiritual sana en nuestra relación de pareja.

> MEJORES SON DOS QUE UNO [...] PORQUE SI CAYEREN, EL UNO LEVANTARÁ A SU COMPAÑERO.
>
> ECLESIASTÉS 4:9-10

### Nos cubrimos las espaldas

La oración en pareja nos ayuda a desarrollar una sensibilidad especial por las necesidades de nuestra relación. He tenido el privilegio de experimentar momentos donde, en oración, Dios me ha revelado situaciones dentro del corazón de mi esposa que ni ella misma sabía cómo comunicármelas.

Recuerdo una ocasión en la que estábamos atravesando momentos difíciles en nuestro hogar. Era uno de esos tiempos en los que todo parecía estar bien, pero ambos sabíamos que necesitábamos un toque de la poderosa mano del Padre. Una noche, decidimos ir temprano a la habitación y apagar los teléfonos para evitar cualquier distracción. Allí, a media luz, comenzamos a orar pidiéndole a Dios que nos visitara.

Al principio, parecía que estábamos empujando una pared. Sin embargo, mientras pasaban los minutos en su presencia, el cielo se abrió. De repente, nuestra habitación se lleno del peso de la gloria de Dios y comenzamos a llorar sin una razón aparente. Debo confesar que no recuerdo con exactitud cuáles fueron las palabras, pero de mi boca comenzaron a brotar declaraciones que sanaban el corazón de mi esposa.

En ese instante entendimos que estábamos en medio de una cita divina con el Padre de todo lo creado. Él, y solo Él, podía levantarnos del lugar en el que estábamos, y así lo hizo. Nos calibramos...

En Amós 3:3 dice: «¿Andarán dos juntos, si no estuvieren de acuerdo?».

La oración en pareja se convierte en un mecanismo de equilibrio. Podría compararla con el eje de un automóvil que ayuda a que los neumáticos puedan rotar juntos a la misma velocidad. Imagínate una rueda indicándole a la otra: «Déjame moverme como yo quiera y haz tú lo mismo». Así sucede en un matrimonio cuando sus pensamientos no están calibrados en realidad. Sin duda alguna, esto trae consecuencias devastadoras. Para Dios es de suma importancia que andemos unánimes juntos. La oración tiene esa virtud.

> CUANDO LLEGÓ EL DÍA DE PENTECOSTÉS, ESTABAN TODOS UNÁNIMES JUNTOS. Y DE REPENTE VINO DEL CIELO UN ESTRUENDO COMO DE UN VIENTO RECIO QUE SOPLABA, EL CUAL LLENÓ TODA LA CASA DONDE ESTABAN SENTADOS [...] Y FUERON TODOS LLENOS DEL ESPÍRITU SANTO.
>
> HECHOS 2:1-2, 4

La palabra «unánime» proviene del latín *unanîmis*, la cual está compuesta por el prefijo *unus* que significa «uno» y *anîmus* que significa «ánimo». Esto quiere decir que debemos estar en un mismo *ánimo*.

Como pareja, habrá días en que él venga cansado del trabajo y con toda la presión del día. Ella también carga con un cúmulo de tensiones de la casa, los niños o el trabajo, etc. Es en la oración donde se aligeran las cargas y, despejados, logran encontrarse de nuevo.

Además, vemos que al andar de esta manera, somos testigos de grandes manifestaciones de Dios como, por ejemplo, la de los discípulos en el pasaje anterior del libro de Hechos de los Apóstoles. Esa clase de experiencia no solo nos bendice como pareja, sino que se les transmite a nuestros hijos, quienes se benefician de igual manera.

Este principio no solo se aplica a momentos de tensión, sino también a situaciones en las que, como pareja, tenemos que tomar decisiones que influirán en toda nuestra familia. Eso me recuerda el momento cuando a mi esposa le diagnosticaron un problema en sus cuerdas vocales que podría ser peligroso para ella como cantante si no tomábamos medidas inmediatas. En esa época, también trabajaba como maestra de primaria y el médico le recomendó que renunciara a su trabajo, pues podría agravar la situación. Al principio, no lográbamos ponernos de acuerdo en cómo dar ese paso, ya que sería yo solo el que tendría que enfrentar las responsabilidades económicas de la casa.

Después de orar y pedirle dirección a Dios, logramos calibrarnos y, al final, tomamos la decisión de que ella abandonara ese trabajo. Confieso que estábamos aterrados, pero confiábamos en que Dios nos respaldaría. Al cabo de unos días, llamaron a mi esposa para ofrecerle un puesto como profesora de canto en la universidad de música donde nos graduamos. En un inicio, pensamos que no era lo apropiado, pero para nuestra sorpresa, el médico entendía que podría ser saludable porque le ayudaría a tratar su condición, ya que necesitaba mayor preparación vocal. Esto nos enseñó a calibrar siempre nuestras decisiones como familia en la presencia de Dios.

### Nos compenetramos más

He descubierto en mi relación matrimonial que cuando «bajo la guardia en mis tiempos de oración», me convierto en un hombre insensible, duro y difícil. Estoy seguro que a mi esposa le sucede igual. Esto se debe a que la oración nos ayuda a continuar fundidos en una sola carne como lo diseñó Dios. Además, nos hace sensibles a su voluntad.

Todos sabemos que uno de los problemas más comunes dentro de un matrimonio se desarrolla detrás de la puerta de la habitación matrimonial. Muchas parejas sienten que no son compatibles en su sexualidad. Ellos piensan que sus esposas no comprenden sus necesidades orgánicas y ellas sienten que sus esposos no comprenden sus necesidades emocionales.

Es muy difícil llegar a un encuentro de intimidad total (cuerpo, alma y espíritu), si no se cultiva una de estas esferas porque somos seres trinos o tridimensionales. Es aquí donde resulta importante promover tiempos de intimidad llenos de la presencia de Dios. Sé que puede parecer extraño, pero a los mejores momentos de intimidad que mi esposa y yo hemos tenido les han precedido un tiempo de oración intensa.

Cuando tú y tu pareja comprenden la importancia de pasar tiempo juntos en la presencia de Dios y lo ponen en práctica, comienzan a experimentar momentos poderosos dentro de tu familia. Si el temor por algo nuevo o la vergüenza de iniciar lo que rechazabas antes te limitan, te animo a dar el primer paso. Toma la iniciativa con valentía. Comienza esta misma noche. Invita a tu pareja a orar juntos antes de acostarse y tengan una lectura bíblica. Quizá te mire extrañado por tu propuesta, pero te aseguro que si persistes, verás buenos resultados. Claro está, esto debe ir acompañado con el compromiso de cambiar las actitudes que ponen en peligro la estabilidad de tu matrimonio.

Todos estos factores juntos traerán un nuevo despertar en tu matrimonio.

La medida del amor, es amar sin medida.

SAN AGUSTÍN

# Conceptos revolucionarios

Amado lector, si has llegado hasta aquí habrás podido descubrir que no escribí acerca de los temas comunes sobre el matrimonio. En esencia, me limité al análisis de los conceptos revolucionarios que el evangelio de Jesucristo nos regaló a precio de su propia vida. Estos son secretos escondidos a los sabios de este mundo y revelados a los sencillos de corazón que no han perdido la fe en Dios.

Por eso les podrán parecer demasiado altos y sublimes como para poderse cumplir. Sin embargo, la realidad es que Jesús envió al Espíritu Santo y lo dio por promesa a los creyentes porque es imposible para el hombre natural vivir a la altura del estándar del Reino de los cielos. Precisamente por eso envió al Consolador, a fin de que estuviera con nosotros todos los días de nuestra vida y nos diera el poder de «querer y hacer» lo que era imposible desde el punto de vista humano.

No queda mucho tiempo para intentarlo. Estamos en los tiempos finales. La condición del matrimonio, las familias y el mundo son señales de que algo inminente tiene que ocurrir porque el mundo perece. Todavía me estremecen las palabras de Jesús cuando predijo la condición de la humanidad cuando se acerque su segunda venida:

> PERO DEL DÍA Y LA HORA NADIE SABE, NI AUN LOS ÁNGELES DE LOS CIELOS, SINO SÓLO MI PADRE. MAS COMO EN LOS DÍAS DE NOÉ, ASÍ SERÁ LA VENIDA DEL HIJO DEL HOMBRE. PORQUE COMO EN LOS DÍAS ANTES DEL DILUVIO ESTABAN COMIENDO Y BEBIENDO, CASÁNDOSE Y DANDO EN CASAMIENTO, HASTA EL DÍA EN QUE NOÉ ENTRÓ EN EL ARCA, Y NO ENTENDIERON HASTA QUE VINO EL DILUVIO Y SE LOS LLEVÓ A TODOS, ASÍ SERÁ TAMBIÉN LA VENIDA DEL HIJO DEL HOMBRE. ENTONCES ESTARÁN DOS EN EL CAMPO; EL UNO SERÁ TOMADO, Y EL OTRO SERÁ DEJADO.
>
> MATEO 24:36-40

Es importante tomar decisiones firmes y rápidas. Te animo a que al cerrar este libro decidas ponerte sobre tus rodillas e invoques a Dios. Declárate incapaz de amar como ama Dios. Pídele que te perdone. Exprésale que quieres ser como Jesús e imitar el amor de Dios, pero que solo no puedes a no ser que envíe su Espíritu y te llene de ese poder sobrenatural que prometió derramar sobre sus discípulos. Dile que estás dispuesto a rescatar a tu cónyuge aunque quizá, si fuera por ti, no lo harías, y que quieres hacerlo por amor a Él.

Ahora toma tu Biblia y comienza a nutrir tu espíritu con la sabiduría que hay en ella. Visita una iglesia que eduque con frecuencia a sus miembros en temas de vida familiar. Acércate a personas sabias que demuestran poner en práctica estos principios y hazles todas las preguntas que quieras. Aprende de ellos e imítalos.

Cuando sientas que la bendición de Dios está sobre ti, toma la iniciativa de acercarte, comunicarte y humillarte como Jesús, que siendo justo murió por los pecadores, y empieza a modelar a tu cónyuge y familiares tu nuevo estilo de vida.

# Notas

1. *Diccionario de la lengua española*, vigésima segunda edición, © Real Academia Española, 2003, © Espasa Calpe, S.A., 2003, bajo la palabra «lealtad», primera acepción.
2. *Ibíd.*, segunda acepción.
3. *Ibíd.*, bajo la palabra «repudiar», primera acepción.
4. *Ibíd.* bajo la palabra «entregar», séptima, octava y novena acepción; y «entregarla», primera acepción.
5. *Ibíd.*, bajo la palabra «santificar», cuarta acepción.
6. *Ibíd.*, bajo la palabra «envidia», primera acepción.
7. *Ibíd.*, segunda acepción.
8. *Ibíd.*, bajo la palabra «envanecer», primera acepción.
9. *Ibíd.*, bajo la palabra «vano», primera y segunda acepción.
10. *Ibíd.*, bajo la palabra «indebido», segunda acepción.
11. *Ibíd.*, bajo la palabra «rencor».
12. *Ibíd.*, bajo la palabra «soportar», primera acepción.
13. Antonio Rivera es esposo de Marisol Salazar, ambos cantantes de música sacra y directores del ministerio de adoración en la congregación del Ministerio Cristiano Catacumba 5, de la ciudad de Mayagüez, Puerto Rico. Antonio es asistente ejecutivo del pastor Rey Matos.

## Acerca del autor

Rey Matos tuvo un encuentro personal con Jesucristo fruto del testimonio de su novia, Mildred, cuando apenas tenía dieciséis años de edad. Así que comenzó a congregarse en el Ministerio Cristiano de las Catacumbas, de la ciudad de Bayamón, Puerto Rico. Allí se desarrolló como pastor y comenzó a fundar iglesias en diferentes lugares de la isla, mientras se desempeñaba en varias posiciones gerenciales en la industria farmacéutica con un bachillerato de la Universidad de Puerto Rico.

Años después, el Espíritu Santo lo llamó al ministerio a tiempo completo para presidir la denominación. Además, desarrolló una visión de influencia nacional a través de la dirección de los «Congresos de Adoración» que marcó una renovación espiritual en la isla.

Aunque su ministerio crecía con éxito, paralelamente su matrimonio sufría serios conflictos. Después que Dios lo afrontó, el pastor Matos volvió a convertirse a Cristo, experiencia que le dio un nuevo corazón para amar a su esposa. Entonces, su vida familiar se revolucionó.

Desde ese momento, emisoras de radio y televisión comenzaron a ofrecerle oportunidades de ministrar la Palabra de Dios en el campo de la familia. Hasta el momento, lleva más de dieciocho años participando de la sección radial «Vida de Casados», en la principal emisora del país, «Nueva Vida 97.7 FM».

Entre otras tareas, Rey y Mildred ministran a los matrimonios hispanos de los Estados Unidos a solicitud de la organización *Family Life Ministries*. Asimismo, es un popular conferenciante para varios ministerios de hombres como «Cumplidores de Promesas», de Puerto Rico.

Luego de estas maravillosas experiencias, el Señor lo guió a escribir dos libros dedicados a la familia: *Señor, que mis hijos te amen* y *La mujer, el sello de la creación*, ambos éxitos de librería en todo Hispanoamérica y Estados Unidos.

Después de treinta y tres años de casados, los esposos Matos han forjado una hermosa familia formada por dos hijos: Frances Areli, casada con Edward Pérez, ambos misioneros en Jarabacoa, República Dominicana, quienes conducen un programa de televisión donde ministran cada día el evangelio de Jesús. Su hijo, Rey Francisco, y su esposa, Iris Debra, son los padres de Noah Leví y Rei Yitzahk. Al mismo tiempo, es ministro a tiempo completo y pastorea junto a sus padres como parte de su equipo.

En la actualidad, Rey y Mildred pastorean la congregación del Ministerio Cristiano Catacumba 5, de la ciudad de Mayagüez, Puerto Rico, y desde allí se extienden hacia las naciones. Todos los años organizan la conferencia nacional «Matrimonios a prueba de fuego», que se fundamenta de manera estricta en los principios bíblicos. Como conferenciante y consejero pastoral matrimonial, ha visto miles de vidas transformadas por el poder de la Palabra de Dios.

En *Cuando el sexo no es suficiente*, su más reciente libro, el pastor Rey Matos plantea de forma radical las verdades y fundamentos bíblicos que revolucionarán tu manera de pensar sobre el matrimonio. Este libro te ayudará a crear un nuevo paradigma sobre la vida conyugal que te hará libre de todos los conceptos equivocados que te crearon la cultura familiar y social. Este material tiene como propósito ofrecer recursos para una relación matrimonial indisoluble, tanto para casados como para los que se preparan para el matrimonio.

· · · · · ·

Por favor, escríbeme y testifica
lo que experimentaste al leer este libro.
Puedes hacerlo a través de:

¡Dios te bendiga y te conceda
mucho éxito en recompensa
a tu sensibilidad
a su Palabra y tu obediencia!

· · · · · ·